广东涉外知识产权年度报告（2019）

赵盛和　曾凤辰　王太平　常廷彬／编著

图书在版编目（CIP）数据

广东涉外知识产权年度报告.2019/赵盛和等编著. —北京：知识产权出版社，2020.11
ISBN 978-7-5130-7290-8

Ⅰ.①广… Ⅱ.①赵… Ⅲ.①涉外经济—知识产权—工作—研究报告—广东—2019 Ⅳ.①D927.650.34

中国版本图书馆 CIP 数据核字（2020）第 216474 号

内容提要

本书立足广东省涉外知识产权的司法和行政保护以及省内企业海外布局等情况，从整体上分析我国知识产权的状况，结合广东省知识产权保护司法审判特点和行政制度建设特色，为进一步完善我国的知识产权法律制度，提高行政机构的知识产权管理和服务能力，提升知识产权的司法和行政保护水平，增强企业在国内和国外两个市场进行知识产权创造、应用和防范，应对知识产权风险的能力，进而为推动我国"一带一路""走出去"等政策的实施，提供智力支持。

责任编辑：王玉茂　可　为	责任校对：王　岩
封面设计：博华创意·张冀	责任印制：刘译文

广东涉外知识产权年度报告（2019）

赵盛和　曾凤辰　王太平　常廷彬　编著

出版发行：知识产权出版社有限责任公司	网　　址：http://www.ipph.cn
社　　址：北京市海淀区气象路 50 号院	邮　　编：100081
责编电话：010-82000860 转 8541	责编邮箱：wangyumao@cnipr.com
发行电话：010-82000860 转 8101/8102	发行传真：010-82000893/82005070/82000270
印　　刷：三河市国英印务有限公司	经　　销：各大网上书店、新华书店及相关专业书店
开　　本：720mm×1000mm　1/16	印　　张：9.5
版　　次：2020 年 11 月第 1 版	印　　次：2020 年 11 月第 1 次印刷
字　　数：130 千字	定　　价：50.00 元
ISBN 978-7-5130-7290-8	

出版权专有　侵权必究
如有印装质量问题，本社负责调换。

华南国际知识产权研究文丛
总　序

　　党的十九大报告明确指出:"创新是引领发展的第一动力,是建设现代化经济体系的战略支撑。"知识产权制度通过合理确定人们对于知识及其他信息的权利,调整人们在创造、运用知识和信息过程中产生的利益关系,激励创新,推动经济发展和社会进步。随着知识经济和经济全球化深入发展,知识产权日益成为推动世界各国发展的战略性资源,成为增强各国国际竞争力的核心要素,成为建设创新型国家的重要支撑和掌握发展主动权的关键。

　　广东外语外贸大学作为一所具有鲜明国际化特色的广东省属重点大学,是华南地区国际化人才培养和外国语言文化、对外经济贸易、国际战略研究的重要基地。为了更好地服务于创新驱动发展战略和"一带一路"倡议的实施及科技创新强省的建设,广东外语外贸大学和广东省知识产权局于2017年3月共同组建了省级科研机构——华南国际知识产权研究院。研究院本着"国际视野、服务实践"的理念,整合运用广东外语外贸大学在法学、经贸、外语等领域中的人才和资源,以全方位视角致力于涉外及涉港澳台知识产权领域重大理论和实践问题的综合研究,力争建设成为一个国际化、专业化和高水平的知识产权研究基地和国际知识产权智库。

　　为了增强研究能力,更好地服务于营造法治化、国际化营商环境和粤港澳大湾区的建设,我们决定组织编写"华南国际知识产权研究文丛"。该文丛以广东省以及粤港澳大湾区这一特定区域内的知识产权情况为研究对象，对区域内具有涉外以及涉港澳台因素的知识产权创造、保护和运营等情况进行深入研究，为提升广东、粤港澳大湾区乃至全国知识产权创造、保护和运用水平，促进社会经济文化的创新发展，提供智力支持。

该文丛是内容相对集中的开放式书库，包括但不限于以下三个系列：

《广东涉外知识产权年度报告》系列丛书。其以广东省涉外知识产权的司法和行政保护以及广东省企业在国外进行知识产权创造和运用等情况作为研究对象，立足广东，从国内和国际两个市场，整体上研究我国知识产权的创造、保护和运用情况，为进一步完善我国的知识产权法律制度，提高行政机构的知识产权管理和服务能力，提升知识产权的司法和行政保护水平，增强企业在国内和国外两个市场进行知识产权创造、应用和防范，应对知识产权风险的能力，进而为推动我国"一带一路"倡议、"走出去"等政策的实施，提供智力支持。

《粤港澳大湾区知识产权研究报告》系列丛书。其以粤港澳大湾区内的香港、澳门、广州、深圳等11个城市的知识产权情况为研究对象，全面和深入研究各地的知识产权制度以及知识产权创造、保护和运用等情况，力求推动湾区内部的知识产权交流与合作，增强、提升大湾区知识产权创造、保护和运用的能力和水平。

《广东涉外知识产权诉讼典型案例解析》系列丛书。其以研究院每年评选出的"广东十大涉外知识产权诉讼典型案例"为研究对象，深入解读典型案例所确立的裁判规则，分析涉外知识产权司法保护中的经验和不足，以推动我国知识产权司法保护工作的发展，增强我国企业、个人防范和应对知识产权诉讼的能力。

我们期望并且相信，经过各方的共同努力，该文丛必将成为知识产权研究的特色、精品佳作，为知识产权创造、运用、保护、管理提供高质量的智力指导。

是为序。

石佑启
2019年7月10日

前　言

《广东涉外知识产权年度报告（2019）》是广东涉外知识产权系列研究报告中的第三本，本年度报告是在2018年年度报告基础上撰写而成，其主要包括三部分：

一是广东涉外知识产权司法保护情况。2019年，广东全省法院共审结涉外及涉港澳台知识产权一审民事案件2569件，其中，专利纠纷案件所占比例较大，原告多为发达国家如美国、英国、法国、德国等国家以及我国港澳台地区的知名企业。广东法院在处理涉外及涉港澳台案件时，呈现出一个显著的特点是调解撤诉结案率较高，调撤率竟高达63%。

二是广东涉外知识产权行政执法情况。2019年，广东省知识产权行政保护成效显著，首先，初步形成"1+3+7"知识产权保护大格局，即1个省知识产权保护中心，3个国家级知识产权保护中心，7个国家级快速维权援助中心。广州海关联合广东自由贸易试验区南沙片区人民法院设立了全国首个法院驻口岸知识产权纠纷调解处理中心。其次，广东省通过《专利合作条约》途径的PCT专利申请量24725件，占全国总量的43.5%，连续18年保持全国第一。最后，粤港澳知识产权部门联合举办了首届粤港澳大湾区知识产权交易博览会，首次实现专利、商标、著作权、地理标志等知识产权类别的全覆盖，促成知识产权合作意向金额101.5亿元，实现交易26.2亿元。

三是广东海外专利布局报告。2019年,广东省企业在海外的专利申请量高达303090件,居全国首位。在专利布局地域上,除了美国、欧洲、日本、韩国等国家和地区,在印度、东南亚邻国也进行了布局。

CONTENTS 目录

第一章 2019年广东涉外知识产权司法保护情况 / 1
 一、引言 / 1
 二、2019年广东涉外知识产权司法审判的基本情况 / 1
  （一）广东法院知识产权案件收结整体情况 / 1
  （二）广东法院涉外及涉港澳台知识产权民事审判情况 / 3
  （三）涉外知识产权案件所涉国家、地区和企业情况 / 4
  （四）涉外知识产权纠纷案件行业、产品和地区分布情况 / 5
 三、2019年广东涉外知识产权司法保护的特色和亮点 / 5
  （一）坚持平等保护的原则，依法平等保护中外权利人的合法权益 / 5
  （二）不断强化知识产权司法保护力度，探求知识产权"赔偿难"问题的破解之道 / 7
  （三）依法审理知识产权刑事自诉案件，拓宽权利人维权新路径 / 8
  （四）积极开展矛盾化解工作，努力促进当事人从对抗走向合作 / 9
 四、2019年广东涉外知识产权典型案例及裁判规则 / 9
  （一）涉外专利权纠纷典型案例及其确立的裁判规则 / 9
  （二）商标权及不正当竞争纠纷裁判规则 / 12
  （三）著作权纠纷的裁判规则 / 34
  （四）涉外知识产权程序规则 / 41
 五、2019年广东涉外知识产权纠纷案件的启示和建议 / 46
  （一）创新是企业的核心竞争力，国内企业应当牢固树立自主创新的理念和不断增强创新的能力 / 46
  （二）法律风险（尤其是知识产权侵权风险）是现代企业

生产经营中存在的重大隐患，国内企业应当不断增强
法律风险意识，避免有意侵权和无意侵权 / 47

（三）正面应对、分类施策，采取各种积极措施化解知识
产权诉讼风险 / 48

第二章 2019年广东涉外知识产权行政保护情况 / 50

一、2019年广东涉外知识产权行政保护发展情况 / 50
（一）制度建设 / 50
（二）机制建设 / 60
（三）2019年广东涉外知识产权行政保护数据统计 / 62
（四）2019年广东涉外知识产权行政执法的典型案例 / 68

二、完善广东涉外知识产权行政保护的建议 / 71
（一）网络环境下知识产权间接侵权行政执法的建议 / 71
（二）涉外贴牌加工行政执法的建议 / 73

第三章 2019年广东海外专利布局报告 / 76

一、引言 / 76
（一）报告背景 / 76
（二）数据样本介绍 / 77
（三）说明 / 79

二、2019年广东海外专利布局情况 / 80
（一）海外专利年申请趋势分析 / 80
（二）海外专利申请类型分析 / 84
（三）海外专利申请地域分析 / 87
（四）海外专利技术领域分析 / 92
（五）代理机构委托情形分析 / 96
（六）海外专利简单同族分析 / 102
（七）海外专利权利要求数分析 / 103

三、2019年广东海外专利布局重点行业分析 / 105
（一）行业总体态势分析 / 105
（二）重点行业分析 / 110

四、结语 / 134

图表索引 / 137

后　记 / 141

第一章　2019 年广东涉外知识产权司法保护情况

一、引言

2019 年，广东法院以习近平新时代中国特色社会主义思想为指导，深入学习贯彻党的十九届三中、四中全会精神，全面落实省委"1+1+9"工作部署精神，认真贯彻落实中央办公厅、国务院办公厅印发的《关于加强知识产权审判领域改革创新若干问题的意见》和《关于强化知识产权保护的意见》，积极发挥司法保护知识产权主导作用，按照实行最严格的知识产权保护制度的要求，不断加大知识产权司法保护力度，充分发挥知识产权激励和保护创新、促进科技进步和社会发展的职能作用，积极营造国际一流的创新法治环境，为加快建设粤港澳大湾区国际科技创新中心和科技创新强省提供了有力的司法保障。

二、2019 年广东涉外知识产权司法审判的基本情况

（一）广东法院知识产权案件收结整体情况❶

1. 知识产权案件整体收结情况

2019 年，全省法院新收各类知识产权案件 157363 件，同比增长 60.94%；审结 152911 件，同比增长 59.97%。其中，一审案件 131494

---

❶　相关数据参见《广东法院知识产权司法保护状况（2019 年度）》（广东省高级人民法院 2020 年 4 月 24 日发布）。

件，同比增长56.35%；二审案件25391件，同比增长45.53%；申请再审案件424件，同比增长75.21%；再审案件54件，同比减少43.16%。新收知识产权民事、刑事和行政案件分别为155576件、1772件和15件，同比分别增长61.79%、10.96%和-25%。

2. 知识产权民事案件收结情况

2019年，全省法院新收一审知识产权民事案件129998件，同比增长59.24%。其中，著作权、商标权、专利权案件分别为109753件、10523件、6261件，同比分别增长66.27%、40.48%、6.19%；技术合同、反不正当竞争案件分别为229件、923件，同比分别增长27.51%、47.44%；其他案件2309件，同比增长62.28%。新收二审知识产权民事案件25113件，同比增长78.41%。其中，著作权、商标权、专利权案件分别为22072件、1420件、1064件，同比分别增长101.55%、12.79%、-20.48%；技术合同、反不正当竞争案件分别为75件、166件，同比分别增长19.05%、-20.95%；其他案件316件，同比减少23.93%。

全年共审结一审知识产权民事案件125694件，同比增长56.56%；结案率为88.43%，同比增长1.64%。在审结的一审案件中，有63733件为调撤结案，调撤率为50.70%。共审结二审知识产权民事案件25128件，同比增长89.13%；结案率为92.83%，同比增长6.33%。在审结的二审案件中，有4921件为调撤结案，调撤率为19.58%。

3. 知识产权刑事案件收结情况

全省法院新收一审知识产权刑事案件1481件，同比增长12.28%；审结一审知识产权刑事案件1450件，同比增长17.41%。其中，审结假冒注册商标罪、销售假冒注册商标的商品罪、非法制造、销售非法制造的注册商标标识罪、侵犯著作权罪、侵犯商业秘密罪案件分别为759件、568件、102件、2件、19件。新收二审知识产权刑事案件278件、审结289件，同比分别增长5.70%、16.06%。

4. 知识产权行政案件收结情况

全省法院新收一审知识产权行政案件46件、审结69件，同比分别增长-42.50%、13.11%。新收二审知识产权行政案件15件、审结20件，同比分别增长-25.00%、4.76%。

（二）广东法院涉外及涉港澳台知识产权民事审判情况

1. 收结案均增速明显

2019年，全省法院审结涉外一审知识产权民事案件688件，同比增长49.24%；审结涉港澳台一审知识产权民事案件1881件（涉台案件1406件、涉港案件472件、涉澳案件3件），同比增长24.24%。

2. 专利纠纷案件所占比例较大

以广州知识产权法院为例，2019年受理的涉外及涉港澳台知识产权民事案件中，专利权纠纷占全部受理案件数量的90.4%，著作权纠纷案件占7.6%，商标及不正当竞争纠纷案件占2.0%。2018—2019年，广州知识产权法院涉外及涉港澳台知识产权案件收结情况如表1-1所示。

表1-1 2018—2019年广州知识产权法院涉外及涉港澳台知识产权案件收结情况　　　　　　单位：件

年份	收案			结案		
	专利	著作权	商标及不正当竞争	专利	著作权	商标及不正当竞争
2018年	222	29	9	208	17	7
2019年	179	15	4	115	4	0

3. 调解撤诉结案率较高

以广州知识产权法院为例，该院2019年共审结涉外及涉港澳台知识产权民事案件119件。其中，调解5件，撤诉70件，调撤率为63.03%，如表1-2所示。

表1-2　2018—2019年广州知识产权法院涉外及
涉港澳台知识产权案件结案方式统计　　　单位：件

年份	判决	调解	撤诉	驳回起诉	不予受理	裁定移送管辖	按撤诉处理
2018年	103	25	88	3	4	0	9
2019年	40	5	70	0	3	1	0

（三）涉外知识产权案件所涉国家、地区和企业情况

知识产权的发展是促进科技进步与经济发展的核心，知识产权的保护力度与一个国家或地区经济增长水平成正相关。广东涉外知识产权民事案件的审理情况与其经济增长的速度印证了这一结论。从2019年审理的情况来看，广东法院审理涉外及涉港澳台知识产权案件来源呈现出以下几个特点。

（1）原告主要集中在发达国家和地区。以广州知识产权法院2019年审结的涉外及涉港澳台民事一审、二审知识产权案件为例，在广东提起的涉外及涉港澳台民事知识产权诉讼中，美国、英国、法国、德国等经济发达国家或地区的企业（或个人）的数量最多。

（2）原告多为发达国家或地区的知名企业。其中，包括法国的香奈儿股份有限公司（CHANEL）、路易·威登·马利蒂（Louis Vuitton Malletier）、德国的彪马欧洲公司（PUMA SE）等诸多世界知名公司。

（3）大规模商业维权诉讼较多。法国的克里斯提·鲁布托（Christian Louboutin）、香奈儿股份有限公司（CHANEL）等公司提起多起维权诉讼。中国台湾地区作曲人叶佳修提起了多起著作权侵权纠纷，具有明显的商业维权性质。

（4）多元化维权的现象明显。具体表现在两个方面：一是在维权方式上，采取行政保护和司法救济的双重模式。二是从商标权、著作权等知识产权侵权和不正当竞争多角度寻求救济。

（四）涉外知识产权纠纷案件行业、产品和地区分布情况

从近年来已经审结的一审、二审涉外及涉港澳台知识产权民事案件来看，广东涉外及涉港澳台知识产权诉讼所涉行业、产品和地区呈现以下特点。

（1）涉及的行业相对集中。专利权纠纷主要涉及灯饰、家用电器、厨房卫浴、五金电工、玩具、影音娱乐等行业。

（2）涉及的多数是国际上的名牌或奢侈品。例如，法国的香奈儿股份有限公司（CHANEL）、路易·威登·马利蒂（Louis Vuitton Malletier）旗下的名牌商品，往往是知识产权侵权和维权的重点。

（3）涉及的地域相对集中，而且往往涉及相应地区的特色产业。从被诉侵权人的分布来看，不仅涉及珠三角等经济发达地区，而且包括粤东的一些经济欠发达地区。纠纷所涉及的行业与当地经济发展水平有着密切的联系，珠三角地区涉及的行业往往是五金电工、灯饰、精密仪器、家用电器等科技含量较高的行业，而粤东地区多是玩具、塑料模具等劳动密集型行业。此外，知识产权纠纷与当地特色产业关系密切。近年来，涉外及涉港澳台地区的知识产权权利人将维权重点转移到中山市的灯饰、佛山的五金电工与瓷器、东莞的皮革箱包、深圳的电子产品等当地特色产业，且倾向于对当地企业提起大规模的知识产权民事诉讼。

三、2019年广东涉外知识产权司法保护的特色和亮点

（一）坚持平等保护的原则，依法平等保护中外权利人的合法权益

知识产权具有地域性特征，因此，在我国审理的涉外及涉港澳台知识产权民事诉讼，基本上都是外国企业、个人或者我国港澳台地区的企业、个人作为原告针对我国国内、内地企业或个人提起侵权之诉。广东法院在审理涉外及涉港澳台知识产权案件时，始终坚持不偏不倚、平等保护的原则，依法维护各方当事人的合法权益。坚持平等保护的原则，不仅是我国吸引国外及本国港澳台地区资金与先进技术的现实需要，也是我国履行国际条约、树立良好国际形

象的客观要求。在广东这一改革开放的前沿阵地上,广东法院始终坚持不偏不倚、平等保护的原则,深入贯彻落实法律面前人人平等原则,为广东深化改革开放提供司法制度上的保障。

(1)对涉外和涉港澳台地区权利人的相应诉请依法予以支持,充分保护其依法享有的知识产权。例如,在宝格丽公司诉德思勤公司等侵害商标权及不正当竞争纠纷案[1]中,宝格丽公司在第14类"珠宝、手表"类、第36类"商品房销售、住所(公寓)、公寓管理、公寓出租等"服务类注册了"宝格丽"系列商标。德思勤公司开发的楼盘"德思勤城市广场"包括"宝格丽公寓"房地产项目,其在涉案楼盘的外墙面、车库、楼盘指示牌、宣传册等位置以突出方式使用"宝格丽""Baogene"等标识,并在相关网站进行宣传推广。宝格丽公司以德思勤公司上述行为构成商标侵权及不正当竞争为由向法院提起诉讼,请求判令德思勤公司停止侵权、消除影响、赔偿损失。法院审理后认为,宝格丽公司享有的在第36类上注册的其中四个商标在该案一审诉讼期间才完成注册,德思勤公司在该案诉讼前实施的侵权行为并未侵害该四个注册商标权,发生于上述四个注册商标注册时间之后的被诉行为侵害该四个注册商标权。宝格丽公司在第14类上注册的第3811212号"BVLGARI 宝格丽"商标已达到驰名程度。德思勤公司使用与宝格丽公司涉案驰名商标相同或近似的商标,容易造成相关公众混淆误认,构成商标侵权。综合考虑德思勤公司侵权行为的性质、期间、后果,涉案商标的声誉以及维权合理开支等因素,酌定德思勤公司赔偿宝格丽公司300万元。该案涉及世界十大顶级奢侈珠宝品牌"BVLGARI 宝格丽"驰名商标在国内的首次跨类保护,有力彰显了我国对世界顶级奢侈珠宝品牌的严格保护。该案既考虑了涉案驰名商标的商誉、侵权人主观恶意等因素,又考虑了奢侈品驰名商标对被诉商品房利润贡献率的限度、

---

[1] 参见深圳市中级人民法院(2014)深中法知民初字第876号民事判决书、广东省高级人民法院(2018)粤民终1425号民事判决书。

被诉标识的使用方式以及商标跨类的联系程度，合理酌定赔偿数额，较好地平衡了双方当事人的相关利益，充分体现了驰名商标按需保护以及"比例协调"的司法政策内涵，取得了良好的法律效果和社会效果。

（2）合理界定涉外及涉港澳台权利人享有的知识产权的权利界限，对未落入其知识产权保护范围内的诉请予以驳回，依法维护了国内企业、个人的合法权益。例如，在上诉人爱利生文教用品（惠州）有限公司（以下简称"爱利生公司"）与被上诉人东莞市钜升金属科技有限公司（以下简称"钜升公司"）、原审被告东莞市诚吉五金制品有限公司（以下简称"诚吉公司"）侵害发明专利权纠纷案[1]中，爱利生公司主张钜升公司、诚吉公司侵犯了其涉案的发明专利权，进而请求法院判令两被告停止侵权并赔偿经济损失 50 多万元。法院经审理后认为，被诉侵权产品缺少涉案专利权利要求 1 的技术方案，依法不落入涉案专利权利要求 1 的保护范围，故依法驳回了爱利生公司的全部诉讼请求。

（二）不断强化知识产权司法保护力度，探求知识产权"赔偿难"问题的破解之道

基于知识产权的无形性等特性，知识产权损害赔偿数额往往难以确定，故"赔偿难"成为知识产权诉讼中的世界性难题。我国司法实践也长期深受知识产权损害赔偿计算难、判赔数额低的困扰。为了进一步遏制恶意侵权的现象，提高我国知识产权保护的国际形象，广东法院在赔偿领域进行了大量有益的尝试。比如，积极运用文书提出命令，责令侵权人提交会计账簿等经营信息；在对方拒不提交时，法院结合具体案情，根据诚实信用原则推定当事人的保守利润；等等。

在上诉人（香港）森科产品有限公司（以下简称"森科公司"）

---

[1] 参见广州知识产权法院（2017）粤 73 民初 4437 号民事判决书、广东省高级人民法院（2019）粤知民终 435 号民事判决书。

与上诉人许某某侵害商标权纠纷案❶中，森科公司系第8814488号"☺"注册商标的商标权人，其向一审法院起诉称，许某某经营的淘宝店铺中销售的衣物和标签上有"D. DUCK"字样和"☺"图案，侵害了森科公司的注册商标专用权，故请求判令许某某立即停止销售侵犯森科公司第8814488号注册商标专用权的商品，并赔偿森科公司经济损失及为制止侵权行为所支付的合理费用20万元。一审法院判决，许某某立即停止销售侵犯森科公司第8814488号"☺"注册商标专用权的服装商品、赔偿森科公司经济损失及合理费用共计10万元，并驳回森科公司其他诉讼请求。森科公司和许某某对一审判决均不服，分别向广州知识产权法院提起上诉，广州知识产权法院综合考量侵权人的主观恶意等因素，改判全额支持森科公司的全部诉讼请求。

（三）依法审理知识产权刑事自诉案件，拓宽权利人维权新路径

在司法实践中，知识产权权利人提起刑事自诉困难重重，鲜有维权成功者。2019年，广东法院在知识产权刑事自诉案件审理方面实现突破。权利人斯平玛斯特有限公司是1994年成立于加拿大的全球知名儿童娱乐公司。2017年，权利人推出的某玩具产品进入中国市场，并在中国注册了商标。2017年4月起，深圳两公司未经授权，大量生产销售仿制的该玩具产品。权利人就上述违法行为向深圳市龙岗区人民法院提起刑事自诉。法院经审理认定该两公司及四名管理人员均构成假冒注册商标罪，分别被判处有期徒刑及罚金。❷ 据《中国知识产权》杂志报道，该案是全国首例知识产权刑事自诉成功定罪案，对知识产权刑事自诉制度的实践和探索使该制度发挥了实质维权作用。同时，案件对假冒注册商标罪构成要件中"相同的商标"的认定进行分析和适用，对类似案件具有借鉴意义。

---

❶ 参见广州知识产权法院（2018）粤73民终1905号民事判决书、广东省广州市海珠区人民法院（2017）粤0105民初9318号民事判决书。
❷ 参见广东省深圳市龙岗区人民法院（2018）粤0307刑初420号刑事判决书。

（四）积极开展矛盾化解工作，努力促进当事人从对抗走向合作

在运用裁判方式审判大量知识产权民事案件的同时，同样注重知识产权民事案件的和解、调解工作。坚持"能调则调，当判则判，调判结合，案结事了"的原则，将调解贯穿于案件审理的全过程，不仅可以实现案件的繁简分流、节省司法资源，还可以将矛盾化解在基层、促进当事人之间的合作、保证社会的稳定。以广州知识产权法院为例，该院 2019 年共审结涉外及涉港澳台知识产权民事案件 119 件，调撤率高达 63.03%。在这些调解撤诉的案件中，许多案件是双方以被诉侵权人有偿获得权利人的许可、授权的方式实现了矛盾的化解，最终从对抗走向了合作，实现了双方的互利共赢。

四、2019 年广东涉外知识产权典型案例及裁判规则

（一）涉外专利权纠纷典型案例及其确立的裁判规则

1. 专利间接侵权的构成要件

典型案例：上诉人爱利生公司与被上诉人钜升公司、原审被告诚吉公司侵害发明专利权纠纷案。❶

基本案情：2012 年 7 月 16 日，埃里森教育器材公司（以下简称"埃里森公司"）向国家知识产权局申请了名称为"具有改善的对准装置的化学蚀刻模具"的发明专利，并于 2016 年 4 月 6 日获得授权，专利号为 ZL2012024×××.8。涉案发明专利处于有效法律状态。2016 年 4 月 6 日，埃里森公司与爱利生公司签订《商标及专利使用许可协议》，约定：①埃里森公司同意许可爱利生公司免费在中国区域内实施专利号为 ZL2012024×××.8 的专利，即制造、使用、许诺销售、销售、进口其专利产品，或者使用其专利方法，以及使用、许诺销售、销售、进口依照该专利方法直接获得的产品。②埃里森公司授权爱利生公司在授权期限内以其自身的名义，在区

---

❶ 参见广州知识产权法院（2017）粤 73 民初 4437 号民事判决书、广东省高级人民法院（2019）粤知民终 435 号民事判决书。

域内对侵害行为采取任何法律行为，包括但不限于向法院提起诉讼，向工商行政管理部门、海关或相关政府部门投诉举报。期限为自2016年4月6日直至授权专利的有效期限届满为止等内容。2016年11月18日，埃里森公司出具《就采取相关法律措施的授权》，进一步明确授权爱利生公司在中国范围内以其自身的名义就侵犯其知识产权的行为采取一切保护措施，包括但不限于向法院提起诉讼。上述协议及授权书均依法办理了公证认证手续。

爱利生公司主张钜升公司、诚吉公司侵犯了其发明专利权，向一审法院提起诉讼，请求判令钜升公司、诚吉公司：①立即停止制造、销售侵犯爱利生公司第ZL20121024×××.8号发明专利权产品的行为；②销毁专门用于生产被诉侵权产品的设备、工具及库存的侵权产品及半成品；③赔偿爱利生公司经济损失500000元和维权费用35136元，上述两项合计535136元；④承担一审诉讼费。一审法院审理后认为，被诉侵权产品缺少涉案专利权利要求1的技术方案，依法不落入涉案专利权利要求1的保护范围。故判决驳回爱利生公司的全部诉讼请求。

爱利生公司提起上诉称，钜升公司作为刀模制造企业，明知或应当知道其制造的刀模用于涉案专利权利要求1所述切割方法，亦明知或应知购买其刀模的人一旦使用其刀模就会侵犯他人的专利方法，在没有获得爱利生公司授权的情况下，钜升公司制造、销售涉案刀模的行为是帮助他人甚至是教唆购买人实施侵权方法的行为，该行为构成帮助侵权……

法院裁判：对于当事人争议的钜升公司是否构成间接（帮助）侵权的问题，二审法院认为，《最高人民法院关于审理侵犯专利权纠纷案件应用法律若干问题的解释（二）》第二十一条第二款规定："明知有关产品、方法被授予专利权，未经专利权人许可，为生产经营目的积极诱导他人实施了侵犯专利权的行为，权利人主张该诱导者的行为属于侵权责任法第九条规定的教唆他人实施侵权行为的，人民法院应予支持。"爱利生公司据此主张钜升公司制造、销售涉案模具的行为构成间接侵权，应承担连带侵权责任。对此，二审法院认为，教唆他人实施专利侵权行为须符合以下条件：一方面，教唆人明知专利权存在，却积极诱导他人实施专利；另一方面，第三方未经许可实施专利的行为已经发生，而第三方的上述行为是在教唆人的诱导下所致。但目前该案无证据证明存在第三方直接实施涉案专利的行为，未能证明钜升公司实施了教唆他人侵权的行为，爱利生公司关于钜升公司构成间接侵权的上诉理由依据不足，二审法院不予支持。

2. 现有技术抗辩的审查

典型案例：上诉人向阳技研株式会社（以下简称"向阳会社"）、上诉人深圳市鑫宝临五金有限公司（以下简称"鑫宝临公司"）与被上诉人佛山市保泰五金塑料有限公司（以下简称"保泰公司"）侵害发明专利权纠纷案。[1]

基本案情：2009年10月22日，向阳会社向国家知识产权局提出发明专利申请，专利名称是"角度可调铰链"，授权公告日为2014年11月12日，专利号为ZL20091020×××.3。向阳会社以鑫宝临公司和保泰公司侵犯其上述发明专利权为由提起诉讼。鑫宝临公司主张涉案被诉侵权产品的技术特征未落入涉案专利权的保护范围，并提交了申请号为08101337.7、名称为"止动配件"的欧洲专利申请，该专利的公开日期为2008年11月12日，具体提出现有技术抗辩。

法院裁判：关于鑫宝临公司的现有技术抗辩能否成立的问题，二审法院认为，《最高人民法院关于审理侵犯专利权纠纷案件应用法律若干问题的解释》第十四条第一款规定："被诉落入专利权保护范围的全部技术特征，与一项现有技术方案中的相应技术特征相同或者无实质性差异的，人民法院应当认定被诉侵权人实施的技术属于

---

[1] 参见广东省深圳市中级人民法院（2015）深中法知民初字第1590号民事判决书、广东省高级人民法院（2018）粤民终800号民事判决书。

专利法第六十二条规定的现有技术。"鑫宝临公司为证明被诉侵权产品使用的是现有技术，提交了申请号为08101337.7的欧洲专利文件，该专利文件经过深圳市元卓翻译有限公司翻译，符合域外证据的形式要求。该欧洲专利的公开日期为2008年11月12日，早于涉案专利优先权日，可以作为该案现有技术抗辩的对比文件。将被诉落入涉案专利权保护范围的技术方案与该对比文件相比对，两者至少具有以下区别特征：被诉侵权技术方案的第一部件保持具有非圆形通孔的近似圆盘形齿轮部件，第二部件可拆卸地插入齿轮部件的通孔中的配合轴部是突出的；具有滑动外周表面的圆形低凸起从齿轮部件上的第一侧表面和第二侧表面突出，并且壳体部的每个对向板都具有圆形保持孔，圆形低凸起的滑动外周表面可滑动地配合在所述圆形保持孔中。对比文件直接将止动杆（相当于被诉侵权技术方案的第二部件）一端设计为圆弧状带外齿的圆头，且齿轮部分无非圆形通孔、滑动外周表面的圆形低凸起等技术特征。因此，被诉侵权技术方案相对于对比文件而言，能够使第一部件、第二部件之间的摆动起始角和终止角可改变，并使齿轮部件不易磨损且便于组装，而这也正是涉案专利的发明点所在。故该对比文件并未公开被诉落入涉案专利权保护范围的全部技术方案，鑫宝临公司的现有技术抗辩不能成立，二审法院不予支持。

（二）商标权及不正当竞争纠纷裁判规则

1. 商标帮助侵权的认定

典型案例：上诉人广州市越秀区杰之克眼镜店（以下简称"杰之克眼镜店"）、广州市凯越市场经营管理有限公司（以下简称"凯越公司"）与被上诉人陆逊梯卡集团股份有限公司（以下简称"陆逊梯卡公司"）商标权侵权纠纷案。❶

基本案情：陆逊梯卡公司是依据意大利法律登记成立的公司。

---

❶ 参见广东省广州市越秀区人民法院（2018）粤0104民初22320号民事判决书、广州知识产权法院（2019）粤73民终3948号民事判决书。

根据中华人民共和国国家工商行政管理总局商标局出具的商标档案显示，第 1048316 号"▨"商标的注册人为陆逊梯卡公司，核定使用商品为太阳镜、太阳镜携带盒，专用期限自 2017 年 7 月 7 日起至 2027 年 7 月 6 日止；第 75807 号"Ray－Ban"商标的注册人为陆逊梯卡公司，核定使用商品为眼镜、太阳眼镜、风镜、眼镜盒、眼镜片，专用期限自 2017 年 6 月 2 日至 2027 年 6 月 1 日；第 5212742 号"▨"商标的注册人为陆逊梯卡公司，核定使用商品为太阳镜、眼镜、眼镜盒等，专用期限自 2009 年 4 月 14 日至 2019 年 4 月 13 日。

陆逊梯卡公司主张杰之克眼镜店销售的太阳镜的纸质包装盒的正面、反面及正面开口处均有"▨"的标识，该标识与陆逊梯卡公司注册的第 5212742 号"▨"商标一致，内置皮质包装袋的表面上使用了"▨"标识，该标识与陆逊梯卡公司注册的第 1048316 号"▨"商标一致，说明书以及眼镜布上使用的"▨"与陆逊梯卡公司注册的第 5212742 号"▨"商标一致；眼镜右侧镜片的右上方及右侧眼镜架上使用的标识"Ray－Ban"，与陆逊梯卡公司注册的第 5212742 号"▨"及第 1048316 号"▨"商标的字母排列组合部分构成近似。故被诉侵权眼镜侵犯了陆逊梯卡公司享有对第 5212742 号"▨"以及第 1048316 号"▨"注册商标的专用权。

杰之克眼镜店系 2014 年 4 月 28 日核准注册的个体工商户，主要从事眼镜批发和眼镜零售业务。凯越公司系 2008 年 4 月 9 日登记成立的有限公司，经营范围为物业管理、场地租赁、市场经营管理、摊位出租。2016 年 4 月 28 日，凯越公司（出租人）与杰之克眼镜店的个体经营者（承租人）签订一份《广州越和（国际）眼镜城商铺租赁合同》，约定凯越公司将广州越和（国际）眼镜城四层 D19 号商铺租给杰之克眼镜店做经营各品牌眼镜成品、眼镜架的批发，承租面积（含公摊面积）为 35 平方米，租赁期限自 2016 年 5 月 15 日起至 2018 年 1 月 31 日止，每月租金为 6098 元等。

法院裁判：关于当事人争议的凯越公司是否构成共同侵权（帮助侵权）的问题。二审法院认为，《侵权责任法》第九条第一款规定，教唆、帮助他人实施侵权行为的，应当与行为人承担连带责任。该案中，杰之克眼镜店的行为侵犯了陆逊梯卡公司商标专用权，若凯越公司构成帮助杰之克眼镜店实施涉案商标侵权行为的，应承担连带责任。《商标法》第五十七条第（六）项规定，故意为侵犯他人商标专用权行为提供便利条件，帮助他人实施侵犯商标专用权行为的，属侵犯注册商标专用权的行为。故根据该条认定行为者构成帮助商标侵权的，除有侵犯他人商标专用权行为的存在外，还应当满足两个要件：行为者客观上为该商标侵权行为提供了便利条件；行为者主观上构成故意。该案中，涉案商铺由凯越公司出租给杰之克眼镜店经营，显然凯越公司客观上为杰之克眼镜店的侵权行为提供了便利条件。故该争议焦点在于凯越公司在主观上是否构成故意。故意是指行为人明知或应知自己的行为可能给他人的合法权利带来损害，在主观上对这种损害持希望或放任的态度。该争议焦点实质上就是判断凯越公司对杰之克眼镜店侵犯陆逊梯卡公司商标权的行为是否明知或者应知。二审法院认为，要判断凯越公司是否明知或者应知，应当考虑：①凯越公司是否具有较高的注意义务；②杰之克眼镜店的商标侵权行为是否明显及是否存在被凯越公司知晓的相关情节等因素。

（1）关于凯越公司是否具有较高注意义务的问题。

首先，涉案商标是眼镜类商品上的知名品牌，凯越公司是专业的眼镜市场开办方，较普通经营者对其市场内销售产品的价格等信息应有较高的注意义务。其次，根据凯越公司与涉案商铺签订的《广州越和（国际）眼镜城商铺租赁合同》和《知识产权保护协议》，凯越公司是广州越和（国际）眼镜城的开办者和管理者，负责出租眼镜城的商铺并收取租金、市场管理服务费等相关费用。其中，从《广州越和（国际）眼镜城商铺租赁合同》第三条第一、第二项可见，市场管理服务费是除租金外另行收取的，尤其是2019年签署的合同，市场服务费显著高于租金。从《知识产权保护协议》第三、第四条可见，凯越公司对涉案市场的侵权行为拥有较大和广泛的管理权利。根据权利义务对等的原则，凯越公司理应负有更高的监督管理义务。如果凯越公司对于涉案市场中商铺销售明显不符合市场销售渠道及合理售价的涉案商标商品或其他国际名牌商品视而不见，则很可能违反了其应有的注意义务。至于凯越公司抗辩其是一种纯粹的场地出租的经营模式而不应承担过重的义务，与其签订的《广州越和（国际）眼镜城商铺租赁合同》和《知识产权保护协议》不符，二审法院不予采信。

（2）关于杰之克眼镜店售假行为是否明显，以及是否存在被凯越公司知晓的相关情节等因素。

首先，陆逊梯卡公司分别于2017年11月2日、2018年4月3日在同一涉案商铺购买到被诉侵权商品，可见涉案商铺售假行为并非偶发性。其次，陆逊梯卡公司于第一次公证购买后即向凯越公司发出律师函，明确告知包括涉案商铺涉嫌侵权的事实，附有被侵权的"Ray-Ban""雷朋"商标，明确要求凯越公司收到该函后立即在市场内全面检查，采取有效措施制止侵权行为，确保市场内不再存在任何形式侵犯陆逊梯卡公司注册商标专用权的行为，并提供了律师的联系方式。可见，律师函的内容足以使凯越公司知晓涉案侵权行为。最后，根据《知识产权保护协议》约定的内容，凯越公司在收到律师函后，可以对涉案商铺进行检查，要求杰之克眼镜店就所被诉侵权商品出具合法有效的证明文件以证实该商品是商标权利人授权销售的商店或制造商处获得的或商标权利人签署的证明该商品为真品的确认书，如杰之克眼镜店未能提供，即为侵权，凯越公司可以采取停业3天或解除合同的措施，但凯越公司并无提供证据证明其已经履行相关的监管义务。

综上，根据凯越公司具有较高的注意义务，杰之克眼镜店的商标侵权行为明显并存在被凯越公司知晓的相关情节，可以认定凯越公司主观上对杰之克眼镜店侵犯陆逊梯卡公司商标权的行为明知或应知；凯越公司客观上未能按照《广州越和（国际）眼镜城商铺租赁合同》和《知识产权保护协议》的约定和其作为市场开办方的管理义务采取及时有效的措施制止侵权行为发生，为涉案商铺侵犯他人商标专用权行为提供便利条件，已符合帮助他人实施侵犯商标专用权的构成要件。

2. 商标侵权损害法定赔偿数额的确定

典型案例：上诉人杰之克眼镜店、凯越公司与被上诉人陆逊梯卡公司商标权侵权纠纷案。❶

基本案情：陆逊梯卡公司主张杰之克眼镜店、凯越公司共同侵犯了其注册商标权，向法院提起诉讼，请求判令：①杰之克眼镜店、凯越公司停止侵犯陆逊梯卡公司注册商标专用权的行为；②杰之克眼镜店、凯越公司连带赔偿陆逊梯卡公司经济损失及合理支出共计人民币20万元；③该案全部诉讼费用由杰之克眼镜店、凯越公司承担。

法院裁判：关于损害赔偿金额如何确定的问题，二审法院认为，《商标法》第六十三条第一款、第三款规定，侵犯商标专用权的赔偿数额应当包括权利人为制止侵权行为所支付的合理开支。权利人因被侵权所受到的实际损失、侵权人因侵权所获得的利益、注册商标许可使用费难以确定的，由人民法院根据侵权行为的情节判决给予300万元以下的赔偿。该案中，第一，""及""注册商标享有较高知名度，杰之克眼镜店作为眼镜专卖店应有较高的注意义务；第二，杰之克眼镜店以明显低于正品市场价销售侵权商品，显然杰之克眼镜店对侵权商品的侵权情况是知悉的，主观上存有明显恶意；第三，杰之克眼镜店辩称其仅销售了两副眼镜，但从（2017）粤广南方第075517号公证书附图显示涉案商铺显然有超过两副带有""标识的眼镜，在杰之克眼镜店未能提供证据的情况下，杰之克眼镜店称其仅销售了两副侵权商品，主张较低的赔偿额度，证据

---

❶ 参见广东省广州市越秀区人民法院（2018）粤0104民初22320号民事判决书、广州知识产权法院（2019）粤73民终3948号民事判决书。

不足；第四，杰之克眼镜店在签署了整改通知后，没有停止侵权行为，反而持续实施侵权行为，侵权性质恶劣。综上因素，二审法院认为，原审法院根据涉案注册商标的知名度、杰之克眼镜店在签署相关知识产权保护协议后仍销售侵权商品的主观恶意，结合陆逊梯卡公司支付的律师费、公证费等因素酌定赔偿数额为8万元并无不当，予以维持。

3. 商标侵权约定赔偿协议的适用

典型案例： 上诉人张家港华夏帽业有限公司（以下简称"华夏帽业公司"）与被上诉人卡拉威高尔夫公司（Callaway Golf Company，以下简称"卡拉威公司"）侵害商标权及不正当竞争纠纷案。[1]

基本案情： 卡拉威公司于1999年5月11日成立，是一家在美国合法注册并存续的公司。卡拉威公司经中国国家商标局核准在第25类"帽子的帽檐、帽、有帽檐的帽、运动衫、绒衣、T恤衫、无袖背心、背心（马甲）、帽檐、热身服、挡风夹克、风衣、鞋、高尔夫球鞋"商品上注册了第7683422号"Callaway"商标，商标专用权期限为2011年1月14日至2021年1月13日。

华夏帽业公司于2002年3月18日成立，注册资金3088万元，公司类型为有限责任公司（自然人投资或控股的法人独资），经营范围为：帽子、服装及其他缝纫制品制造、销售；经营本企业自产产品及技术的出口业务和本企业所需的机械设备、零配件、原辅材料及技术的进口业务。

华夏帽业公司于2017年参加了第121届中国进出口商品交易会（以下简称"广交会"）的第三期展览，其参展展位为8.0F19-20/G15-16。卡拉威公司在该届广交会参展期间向广交会投诉接待站投诉华夏帽业公司侵权，经广交会投诉接待站处理，华夏帽业公司于2017年5月5日向卡拉威公司出具承诺书，该承诺书主要内容如下：

---

[1] 参见广东省广州市海珠区人民法院（2018）粤0105民初19199号民事判决书、广州知识产权法院（2019）粤73民终5977号民事判决书。

"我华夏帽业公司在第 121 届广交会第三期展位（展位号：第三期 8.0F19-20/G15-16）上摆放的产品目录宣传册上及广告牌有侵犯卡拉威公司的注册商标专用权（商标注册证号为 7683422）和高仕利公司（Acushnet Company）的注册商标专用权（商标注册证号为 1936769）的商标标识；华夏帽业公司现承诺如下：①主动在第 121 届广交会上撤展上述产品目录宣传册及广告牌上的侵权商标标识。②以后不生产、销售侵犯卡拉威高尔夫公司、高仕利公司、邓禄普体育用品株式会社（Dunlop Sports Co., Ltd）、卡斯顿制造有限公司（Karsten Manufacturing Corporation）、泰勒梅高尔夫有限公司（Taylor Made Golf Company INC）和帕森斯极限高尔夫有限责任公司（Parsons Xtreme Golf LLC）的知识产权的产品，不再展出侵犯任何上述公司知识产权的宣传材料。③该承诺书签署后如发现承诺人违反该协议内容，以任何方式侵犯上述任一公司的知识产权的，承诺人愿意支付任何上述公司人民币 100 万元整（￥1000000），作为重复侵权的约定赔偿；该承诺书自签署之日起生效。"

后卡拉威公司发现华夏帽业公司仍然从事侵权行为，故提起诉讼。一审法院审理后判决：①华夏帽业公司自判决生效之日起停止在其宣传册上使用卡拉威公司第 7683422 号"Callaway"商标，停止在其 www.huaxiacap.com 网站上使用卡拉威公司第 7683422 号"Callaway"商标；②华夏帽业公司在判决生效之日起 10 日内赔偿卡拉威公司经济损失人民币 100 万元（包括维权支出）；③驳回卡拉威公司的其他诉讼请求。华夏帽业公司上诉后，二审法院驳回其上诉，维持一审判决。

法院裁判：对于该案争议的如何确定华夏帽业公司的赔偿数额问题，一审法院认为，首先，关于承诺书的效力。华夏帽业公司于第 121 届广交会期间在投诉接待站处理知识产权侵权投诉事宜时就其侵权行为向卡拉威公司出具承诺书，承诺书既有承诺撤展侵权物品又有承诺再次侵权自愿赔偿的内容，承诺书应是投诉接待站认定华夏帽业公司构成涉嫌侵权并按自撤程序对该投诉作出处理,华夏帽业公司出具承诺书是在自撤程序过程中向卡拉威公司出具的。从承诺书的内容来看是侵权人华夏帽业公司与权利人卡拉威公司就该侵权行为达成的协议。承诺书中关于再次侵权自愿赔偿100万元是华夏帽业公司的真实意思表示,其内容仅涉及私权处分,不涉及社会公共利益、第三人利益,也不存在法律规定的其他无效情形,故承诺书中关于华夏帽业公司再次侵权赔偿数额的约定合法有效。另外,该承诺书的出具时间距离该案诉讼已超出一年,华夏帽业公司没有在出具承诺书一年内以重大误解或显失公平为由向人民法院或者仲裁机构主张变更或撤销承诺书,故即便承诺书存在重大误解或显失公平的情形,该案亦无须在此进行认定及处理。其次,关于承诺书约定再次侵权的构成条件。承诺书约定"以任何方式侵犯上述任一公司的知识产权的",该承诺即是如果华夏帽业公司实施商标侵权、不正当竞争、著作权侵权、专利侵权等侵犯包括卡拉威公司在内主体的知识产权时,就再次构成侵权。华夏帽业公司主张不正当竞争行为不属于知识产权侵权范畴的抗辩意见,没有法律依据,一审法院对其抗辩意见不予采纳。最后,承诺再次侵权赔偿100万元的数额是否可以作为该案的赔偿数额。华夏帽业公司即使没有出具承诺书,也应就该案侵权行为承担民事责任,且负有赔偿义务。如果该案没有侵权行为发生前的赔偿承诺,综合考虑卡拉威公司和涉案商标的知名度、影响力及其维权支出,再考虑华夏帽业公司侵权行为性质、持续时间、影响范围以及华夏帽业公司经营规模、侵权恶意等因素,一审法院酌定华夏帽业公司赔偿数额肯定与承诺书约定的赔偿100万元数额相距甚远,有可能相差十多倍。但是,基于该案的具体案情及以下理由,一审法院认为,华夏帽业公司应按其承诺书承诺的赔偿数额作出赔偿:其一,当事人双方将华夏帽业公司将来侵权行为发生后的具体赔偿数额预先写进承诺书,只是为了便于进一步明确当华夏帽业公司再次侵权时其侵权责任应如何承担。其二,《侵权责任法》《反不正当竞争法》等法律并未禁止被侵权人与侵权人就侵权责任的方式、侵权赔偿数额等预先作出约定。承诺书这种约定的法律属性，可认定为双方就未来发生侵权时权利人因被侵权所受到的损失或者侵权人因侵权所获得的利益预先达成的一种简便的计算和确定方法。其三，基于知识产权维权案件举证困难、诉讼耗时费力不经济等因素的考虑，双方当事人在私法自治的范畴内完全可以对侵权赔偿数额作出约定，这种约定既包括侵权行为发生后的事后约定，也包括侵权行为发生前的事先约定。因此，该案适用承诺书中双方约定的赔偿数额确定方法，与《反不正当竞争法》第十七条的有关规定并不冲突。其四，《最高人民法院关于审理著作权民事纠纷案件适用法律若干问题的解释》第二十五条第三款规定，双方当事人基于权利人的实际损失或者侵权人的违法所得，就赔偿数额达成协议的，法院应当准许。该规定即为法院对当事人就涉案侵权责任赔偿数额作出的"事后约定"的认可。综上，该案可以适用华夏帽业公司承诺再次侵权自愿赔偿100万元的数额作为该案的赔偿数额。因此，卡拉威公司在该案中主张华夏帽业公司就其不正当竞争行为赔偿100万元合理合法，一审法院予以支持，对华夏帽业公司不同意赔偿及不同意赔偿100万元的抗辩意见均不予采纳。

二审法院认为，知识产权侵权损害赔偿方式，不仅包括权利人实际损失、侵权人违法所得、许可费的合理倍数和法定赔偿，还允许双方当事人通过合同方式确定赔偿数额。该案中，华夏帽业公司向卡拉威公司出具关于侵害知识产权的承诺书，对于侵权损害赔偿方式以及数额通过合同方式进行约定，这是双方当事人关于侵权赔偿方式与赔偿金额的明确约定。知识产权作为私权，允许平等市场主体通过自愿达成合意的方式对双方权利义务进行明确约定，若不违反法律法规效力性和强制性规定，应属合法有效，对双方当事人均具有法律效力。承诺书相关约定应当作为该案确定赔偿方式与赔偿金额的依据。具体来说，理由如下。

首先，不正当竞争行为属于承诺书所涵涉侵害知识产权的范围。华夏帽业公司上诉称其行为即使构成不正当竞争，也并未侵犯卡拉威公司的知识产权。对此，二审法院认为，我国知识产权法律体系主要是由知识产权专门法与反不正当竞争法架构的，反不正当竞争法是知识产权法律体系的有机制度构成。知识产权是一个集合概念，由著作权、专利权、商标权和制止不正当竞争等权利构成，且不正当竞争纠纷案件本身就属于知识产权范畴。华夏帽业公司实施的被诉侵权行为属于不正当竞争行为，符合承诺书中因侵害卡拉威公司知识产权而应承担赔偿责任的约定。故华夏帽业公司关于其行为并未侵犯卡拉威公司的知识产权的上诉主张，无事实和法律依据，二审法院不予采纳。

其次，一审法院适用约定方式确定赔偿方式符合法律规定。《合同法》第一百二十二条规定了侵权责任与违约责任的竞合制度，对于违反合同规定的违约行为在符合一定条件下允许当事人一次性选择适用侵权责任或者违约责任，这一责任竞合制度存在的前提是双方当事人存在基础的交易合同关系，基于这一基础法律关系，一方当事人违反合同约定所应承担的合同义务产生违约责任，同时也侵害另一方当事人权益而产生侵权责任。也就是说，一种基础行为产生两种民事责任后果即违约性侵权，从而赋予权利方的救济选择权，权利人可以选择违约责任或者选择侵权责任主张权利。正如消费者在购买商品后因商品质量而主张权利时，其主张权利的法律基础是买卖合同法律关系，消费者基于这一法律关系有权主张违约责任，也有权主张侵权责任。特别地，我国存在专门的消费者权益保护法律，其中对于侵害消费者合法权益还存在惩罚性赔偿条款，消费者基于买卖合同而主张权利时，基于自己的权利保护强度，一般会选择适用侵权责任追究对方责任，这是法律责任竞合的典型形式。当然，消费者也可以主张赔偿损失的违约责任，这都是法律基于特定情形而赋予权利人理性选择的结果。需要指出的是，在责任竞合中，权利人作出选择后另一种责任消灭，不允许权利人主张双重责任方式不合理地加重对方的法律责任。就该案而言，因不存在侵权责任与违约责任竞合适用的前提条件，不属于责任竞合，无须权利人作出侵权责任或者违约责任选择。权利人与侵权人就侵权损害赔偿数额作出的事先约定，是双方就未来发生侵权时权利人因被侵权所受到的损失或者侵权人因侵权所获得的利益所预先达成合意的一种计算方法，它并未被《反不正当竞争法》《侵权责任法》等相关法律法规所禁止，任何人基于法律的规定均负有不侵害他人合法权益的义务，这一义务具有绝对性和对抗性，且有权基于侵权责任而在当事人之间作出分配权利义务的处分权和合同性安排。按照私法自治原则，事先约定赔偿是当事人自由意志的表现，法院应尊重当事人的意思，只要约定内容不违反法律、行政法规的效力性和强制性规定，权利人就有权按照合同约定的赔偿方式主张权利。故一审法院基于权利人的主张选择适用约定赔偿方式并非基于责任竞合，而是基于合同约定，可以将其作为确定该案赔偿方式的依据。值得注意的是，《最高人民法院关于审理侵犯专利权纠纷案件应用法律若干问题的解释（二）》第二十八条规定，权利人、侵权人依法约定专利侵权的赔偿数额或者赔偿计算方法，并在专利侵权诉讼中主张依据该约定确定赔偿数额的，人民法院应予支持。该规定明确了专利侵权事先约定赔偿方式的合法性和可适用性。而不正当竞争纠纷案件中事先约定赔偿条款亦可类推适用上述规则。

最后，一审法院判决的赔偿金额并非过高。华夏帽业公司在进行民事活动中违背诚信原则，实施了侵害卡拉威公司的知识产权行为，被发现后出具承诺书作为往后的不侵权允诺与担保，华夏帽业公司再次实施侵权行为背离了自己的承诺，触发了承诺书实施的条件，应承担侵权所要付出的代价。承诺书所约定的赔偿数额是基于华夏帽业公司两次侵权的赔偿数额而约定的数额，体现出对于侵权人一定程度的惩罚性，通过损害赔偿数额的威慑效应来遏制侵权行为的发生。但华夏帽业公司再次实施的不正当竞争行为表明其对承诺书所约定赔偿数额的漠视，是其在该案中实施不正当竞争行为应当付出的代价。侵权人自己不仅通过合同理性选择赔偿数额，且通过自己实施不正当竞争行为触发这一承诺与担保的发生，本身说明这一赔偿数额属于华夏帽业公司放任或者希望追求这一结果的发生。在其不能举证证明这一赔偿数额过高的情况下，承诺书所确定的分配正义绝不是赌博，更不是对自己法律责任的搪塞，而是沉甸甸的责任。这一责任符合各方利益期待，是各方当事人自愿选择的结果。这一结果不仅体现出当事人对于未来信誉的担保功能，而且具有对于实施侵权行为的惩戒作用，体现出商海中私人主体的利益追求，出尔反尔的利益背叛不应当得到尊重，也不值得司法的同情和体恤。基于此，一审法院判决的赔偿数额并无不当，双方当事人的事前约定应当作为确定该案赔偿数额的根据。概括地说，一审法院在不正当竞争纠纷中依法适用约定方式确定该案赔偿方式与赔偿数额的裁判思路和理由符合知识产权侵权损害赔偿的立法宗旨与司法目的，在著作权侵权、商标权侵权领域均具有适用的余地，对解决知识产权赔偿难举证难问题具有积极意义，应当予以褒奖、借鉴与推广。

4. 是否构成商标性使用的判断

典型案例：上诉人华夏帽业公司与被上诉人卡拉威公司侵害商标权及不正当竞争纠纷案。[1]

法院裁判：关于华夏帽业公司使用"Callaway"商标是否构成商标侵权的问题，一审法院认为，商标作为商品的标志，其基本功能是区别商品的不同。认定是否构成商标侵权，应严格执行法定的衡量标准，准确确定权利保护边界，不能随意扩大，否则就会影响市场秩序的规范稳定。《商标法》第四十八条规定，商标的使用，是指将商标用于商品、商品包装或者容器以及商品交易文书上，或者将商标用于广告宣传、展览以及其他商业活动中，用于识别商品来源的行为。该案中，现有证据并未查明华夏帽业公司存在生产或销售印有第 7683422 号"Callaway"商标的商品，华夏帽业公司在被控侵权宣传册及网站上使用第 7683422 号"Callaway"商标的事实基本相同，均

---

[1] 参见广东省广州市海珠区人民法院（2018）粤 0105 民初 19199 号民事判决书、广州知识产权法院（2019）粤 73 民终 5977 号民事判决书。

是在"客户（品牌）_体育品牌"栏目下方使用"Callaway"商标，且该"Callaway"商标前后有 NEW ERA、耐克、背靠背、彪马等品牌的商标图案。华夏帽业公司在宣传册及网站上使用第 7683422 号"Callaway"商标不构成商标侵权行为，理由如下：①华夏帽业公司自述其从事品牌代工业务，其在"客户（品牌）_体育品牌"栏目使用"Callaway"商标的目的是介绍其客户包括"Callaway"品牌的公司即卡拉威公司，或介绍其曾经代加工过"Callaway"品牌的商品，一审法院据此认定被控行为是华夏帽业公司的业绩介绍或商业推广；②被控行为并非介绍华夏帽业公司的产品，没有用于识别商品来源，故不属于商标性使用；③因该宣传册及网站的被控侵权图文内容均是英文，相关展商、消费者或潜在客户在浏览宣传册及网站后一般都不会将"Callaway"作为表明商品来源的商业标识看待，仅会据此判断卡拉威公司是华夏帽业公司的客户，仅凭被控侵权图文内容并不会对两者的产品产生混淆或误认。由此可见，华夏帽业公司将"Callaway"商标用于宣传册及网站中，但未展示印有该商标的产品，亦未将该商标与其产品共同展示，更未表明其生产或销售印有"Callaway"商标的商品，仅是介绍其客户包括卡拉威公司或曾经代加工过"Callaway"品牌商品，一审法院据此认定华夏帽业公司在宣传册及网站上使用"Callaway"商标的行为不属于商标性使用，故卡拉威公司指控华夏帽业公司在该案的被控侵权行为构成商标侵权理由及依据不足，一审法院不予支持。

5. 合法来源抗辩的判定

典型案例：上诉人广州市越秀区凯来精品商行（以下简称"凯来商行"）与被上诉人保罗弗兰克实业有限责任公司（Paul Frank Industries LLC，以下简称"保罗弗兰克公司"）侵害商标权纠纷案。❶

---

❶ 参见广东省广州市越秀区人民法院（2018）粤 0104 民初 25954 号民事判决书、广州知识产权法院（2019）粤 73 民终 2686 号民事判决书。

基本案情：保罗弗兰克公司是第 10065565 号"🐵"注册商标专用权人，其以凯来商行销售的水杯侵犯其注册商标专用权为由，向法院提起诉讼。一审法院经审理，判决：①凯来商行立即停止销售涉案侵犯保罗弗兰克公司享有对第 10065565 号"🐵"注册商标专用权的水杯商品；②凯来商行应于判决发生法律效力之日起 10 日内，赔偿保罗弗兰克公司经济损失 25000 元（含为制止侵权所支出的合理维权费用）；③驳回保罗弗兰克公司的其他诉讼请求。凯来商行不服一审判决，提起上诉称，其提供的证据足以证明被诉侵权产品由浙江省永康市一滴水电器厂提供，其进货均为混批进货，在进货时，未对水杯外观作任何要求，客观上不能对自己未知且不可能知悉的涉案注册商标审查授权文件，主观无恶意。另外，被诉侵权产品为玻璃水杯，易碎为其属性，其销售的同款不同布套的水杯均有纸质包装，且外包装有厂名厂址品牌。

法院裁判：对于凯来商行提出的合法来源抗辩是否成立的问题，二审法院认为，《商标法》第六十四条第二款规定，销售不知道是侵犯注册商标专用权的商品，能证明该商品是自己合法取得并说明提供者的，不承担赔偿责任。合法来源要求销售者不仅客观上能提供完整的进货材料、厂家或上一手商家主体信息等表明商品以合法的程序从合法渠道购得，亦要求销售者主观上不知道被诉侵权产品侵犯或可能侵犯他人合法权利。而现有证据显示被诉侵权产品上未记载任何生产厂家的信息，凯来商行应当知道被诉侵权产品可能存在侵犯他人合法权利的可能，却没有尽到合理审慎的注意义务，在交易过程中未核查交易相对方的经营资质及要求对方交付商标使用的授权文件，放任侵权可能的发生，即使其提交的证据足以证明被诉侵权产品来源于第三人，也不符合合法来源抗辩的主观要件。

6. 实际经营者和名义经营者不一致时的责任承担

典型案例：上诉人陈某、陕某、广州羿丰置业有限公司（以下简称"羿丰公司"）、广州白云世界皮具贸易中心市场经营管理有限

公司(以下简称"白云世界公司")与被上诉人迈可寇斯(瑞士)国际股份有限公司(以下简称"寇斯公司")侵害商标权纠纷案。❶

基本案情：羿丰公司是广州市白云区白云世界皮具贸易中心的市场开办者和管理者，负责出租该中心内的商铺并收取市场管理服务费等相关费用；白云世界公司是羿丰公司独资成立的，也是市场的管理者。羿丰公司与陈某签订商铺租赁合同，将涉案商铺出租给陈某，陈某没有在承租该商铺后办理营业执照，而是将商铺转给陕某经营。后寇斯公司以涉案商铺销售的商品侵犯其商标权为由，以上述当事人为被告提起诉讼。

法院裁判：关于陈某和陕某是否构成侵害商标权的行为并应承担侵权责任的问题，二审法院认为，首先，根据涉案公证书等证据，2016年3月25日，涉案商铺销售了侵害涉案商标权的被诉产品，当时该商铺没有商标标识、营业执照、单据上的有效签章等足以让消费者了解确定商铺经营者主体身份的相关证据。其次，根据羿丰公司与陈某签订的商铺租赁合同，涉案侵权行为发生时涉案商铺的承租人是陈某，由于陈某没有在承租该商铺后办理营业执照，且羿丰公司和白云世界公司亦称其并不清楚陈某转租的情形，对于出租人羿丰公司和白云世界公司以及消费者而言，被诉侵权行为发生时陈某是涉案商铺的经营者。最后，由于陕某确认其与陈某签订相关转租协议后实际经营该店铺并实施了涉案侵权行为，一审法院认定陈某与陕某应就涉案侵权行为承担连带责任，认定准确，二审法院予以维持。

7. 市场开办者和管理者的责任承担

典型案例：上诉人陈某、陕某、羿丰公司、白云世界公司与被上诉人寇斯公司侵害商标权纠纷案。❷

法院裁判：关于羿丰公司和白云世界公司是否构成侵害商标权

---

❶❷ 参见广东省广州市白云区人民法院（2017）粤0111民初11557号民事判决书、广州知识产权法院（2019）粤73民终2643号民事判决书。

的行为并应承担侵权责任的问题，二审法院认为，首先，关于涉案商铺所在市场的开办者和管理者问题，根据羿丰公司与涉案商铺签订的商铺租赁合同、《广州市白云区白云世界皮具贸易中心市场管理规定》，羿丰公司是广州市白云区白云世界皮具贸易中心的市场开办者和管理者，负责出租该中心内的商铺并收取市场管理服务费等相关费用；白云世界公司是羿丰公司独资成立的，其所注册登记的市场地址包括涉案商铺所在的市场地址，其所注册登记的经营范围包括市场经营管理、摊位出租、场地租赁和物业管理等，足以证明白云世界公司也是涉案商铺所在市场的管理者，羿丰公司和白云世界公司应对涉案市场负有市场管理及监督责任，一审法院的该项认定，事实充分，二审法院予以维持。其次，该案中涉案商铺自出租后至侵权行为发生陈某一直未办理营业执照，羿丰公司和白云世界公司作为涉案商铺所在市场的管理者，疏于履行监督管理的义务，放任涉案商铺无证经营，为侵权损害结果的发生提供了便利条件；同时结合一审法院关于羿丰公司和白云世界公司怠于履行监管责任的其他认定理由，羿丰公司和白云世界公司共同帮助涉案商铺实施侵权行为，构成商标侵权，理应承担停止侵权及赔偿损失的法律责任。

8. 不正当竞争行为的认定

典型案例：上诉人广东明纬电源有限公司（以下简称"明纬电源公司"）与被上诉人明纬企业股份有限公司（以下简称"明纬公司"）、明纬（广州）电子有限公司（以下简称"明纬电子公司"）商标权侵权及不正当竞争纠纷案。[1]

基本案情：明纬公司是在我国台湾地区登记成立的企业，其和明纬电子公司长期以"明纬"为品牌进行市场推广，并以"明纬"的企业字号进行经营活动。明纬公司和明纬电子公司以明纬电源公

---

[1] 参见广东省广州市海珠区人民法院（2017）粤 0105 民初 9323 号民事判决书、广州知识产权法院（2019）粤 73 民终 191 号民事判决书。

司侵犯其商标权和构成不正当竞争为由提起诉讼。一审法院判决：①明纬电源公司自判决书生效之日起 30 日内停止使用含有"明纬"字号的企业名称；②明纬电源公司自判决书生效之日起停止生产及销售标注有"广东明纬电源有限公司"字样的电源产品，并销毁库存；③明纬电源公司自判决书生效之日起 30 日内在《中国消费者报》《南方日报》上发表声明，向明纬公司及明纬电子公司赔礼道歉、消除影响，费用由明纬电源公司承担；④明纬电源公司在判决生效之日起 10 日内向明纬公司及明纬电子公司赔偿经济损失及维权支出合理费用120000 元；⑤驳回明纬公司及明纬电子公司的其他诉讼请求。明纬电源公司不服一审判决提起上诉，二审法院维持了原判。

法院裁判：关于明纬电源公司的行为是否构成不正当竞争的问题，二审法院认为，明纬公司及明纬电子公司作为关联企业，"明纬"系明纬公司企业名称、注册商标及明纬电子公司的企业名称中最具辨识度的部分。明纬公司、明纬电子公司长期以"明纬"为品牌进行市场推广，并以"明纬"的企业字号进行经营活动，"明纬"品牌的相关产品及明纬公司、明纬电子公司企业名称在相关行业已具有一定的市场知名度。而明纬电源公司从事相同行业及产品的生产及销售活动，其应当知道明纬公司、明纬电子公司的企业字号"明纬"及"明纬"相关商标在市场上的知名度。明纬电源公司在类似行业进行企业名称登记时仍使用"明纬"作为企业字号的行为，客观上易使相关公众误以为明纬电源公司及其产品与明纬公司、明纬电子公司存在关联，容易导致消费者混淆，明纬电源公司亦难摆脱主观上"攀附"的意图。

9. 合理使用抗辩的审查

典型案例：上诉人广州欧商进出口有限公司（以下简称"欧商公司"）、潘某与被上诉人香奈儿股份有限公司（CHANEL，以下简称"香奈儿公司"），原审被告赵某、广州名仁堂化妆品有限公司

（以下简称"名仁堂公司"）侵害商标权纠纷案。❶

基本案情： 香奈儿公司以欧商公司、潘某等为被告提起诉讼，主张各被告侵犯了其第 75977 号 "CHANEL" 注册商标专用权。被告抗辩称，欧商公司仅仅是按照其拥有的外观设计专利将授权方的"法国香奈儿 8 号国际实业集团有限公司"的英文名"CHANEL NO.8 FRECE INTERNATIONAL INDUSTRTAL GROUP"进行标注，并未凸出使用"CHANEL"标识；欧商公司拥有 NO.8 商标和外观设计专利授权，该授权至今有效，欧商公司按照授权使用商标和外观设计专利使用，为规范使用，并无不当。

法院裁判： 关于欧商公司实施的涉案行为是否构成商标侵权的问题，二审法院认为：第一，欧商公司辩称涉案行为为企业名称合法使用的意见不能成立。①欧商公司称其使用的企业名称中包括"CHANEL"，属于对企业名称的正常使用，但欧商公司刻意将被诉侵权产品上的"CHANEL"标识放到企业名称前面，放到更为突出的位置，属于不规范使用。在香奈儿公司持有的涉案商标具有显著知名度的情况下，该标识具有较高的辨识度，消费者首先会观察到的是该标识，容易导致混淆，让消费者误认为产品的来源方为香奈儿公司。②赵某开办涉案店铺过程中，虚假宣传导致消费者产生混淆的结果是赵某多处使用"香奈儿""CHANEL"标识与被诉侵权产品使用香奈儿公司持有的商标的共同作用，但其中起主要作用的仍然是产品上的标识。从日常生活常理也可知，大部分普通消费者在消费的过程中，纵然会关注商家的各种装修装潢，但是吸引消费者的重点仍然在于产品本身。③工商查处涉案被诉侵权产品出具的文书中将被诉侵权产品登记的被诉产品均为"CHANEL"开头，从另一个角度证明该商标的知名度及被诉侵权产品使用"CHANEL"的作用，且九江经济技术开发区工商行政管理局作出的"九开工商商

---

❶ 参见广东省广州市白云区人民法院（2017）粤 0111 民初 13512 号民事判决书、广州知识产权法院（2019）粤 73 民终 2836 号判决书。

处字〔2015〕1号"行政处罚决定书亦认定涉案被诉侵权产品侵权，现并无充分证据证明该决定书有误或者被推翻。第二，欧商公司辩称被诉侵权产品实施的外观为经过合法授权的外观设计专利的意见不能成立。①外观设计专利保护的客体与商标保护的客体不同，实施外观设计专利并不能阻却商标侵权的违法性；②外观设计专利授权并未经过实质审查，经过授权不代表专利一定稳定，不代表其中不存在不符合专利授予条件的内容，且欧商公司并未提供专利评价报告对涉案专利的稳定性进行佐证。综上，二审法院对欧商公司、潘某辩称欧商公司不构成侵权的抗辩意见不予采纳。

10. 关于共同侵权的判断

典型案例：上诉人欧商公司、潘某与被上诉人香奈儿公司、原审被告赵某、名仁堂公司侵害商标权纠纷案。❶

法院裁判：关于潘某是否应当承担共同侵权责任的问题，潘某作为欧商公司的唯一股东，在公司决策过程中也应当有完善的决策机制，换言之，潘某应当对公司的决策具有充分的注意义务。潘某在被诉侵权产品上共同使用"CHANEL"标识与经销商名称"法国香奈儿8号国际实业集团公司"，却未证明被诉侵权产品与法国或"法国香奈儿8号国际实业集团公司"有何种关系。潘某注册含有"CHANEL"标识的外观设计专利，将专利用于其独资开办的公司生产的产品中，还擅自将名仁堂公司企业名称标注于产品本身，这些行为实难谓之巧合，亦实难谓之善意。原审认定潘某滥用公司法人独立地位和股东有限责任，以公司形式侵害涉案商标权的认定并无不当。从另一方面而言，《公司法》第六十三条规定，一人有限责任公司的股东不能证明公司财产独立于股东自己的财产的，应当对公司债务承担连带责任。《最高人民法院关于民事诉讼证据的若干规定》第二条规定，当事人对自己提出的诉讼请求所依据的事实或者

---

❶ 参见广东省广州市白云区人民法院（2017）粤0111民初13512号民事判决书、广州知识产权法院（2019）粤73民终2836号判决书。

反驳对方诉讼请求所依据的事实有责任提供证据加以证明。没有证据或者证据不足以证明当事人的事实主张的，由负有举证责任的当事人承担不利后果。潘某作为欧商公司实施被诉侵权行为期间的独资股东，并未在举证期间内充分举证证明个人财产与公司财产各自独立，不存在混同情况，对此应负担举证不利的举证责任。综上，原审法院认定潘某与欧商公司共同承担侵权赔偿责任并无不当。

11. 出口者的认定

典型案例： 上诉人广州旅购国际贸易有限公司（以下简称"旅购公司"）、上诉人陈某与被上诉人彪马欧洲公司（PUMA SE）（以下简称"彪马欧洲公司"）侵害商标权纠纷案。❶

基本案情： 彪马欧洲公司系依照德国法律成立的德国企业。旅购公司成立于2016年2月23日，类型为自然人独资有限责任公司，注册资本500万元，经营范围为批发业。陈某为旅购公司的股东。彪马欧洲公司经国家工商行政管理总局商标局核准注册下列商标：注册号为G582886的"puma"商标，有效期自2011年7月22日至2021年7月22日，核定使用商品为贵金属及其合金或镀有贵金属的物品，如工艺品、装饰品、餐具、钟表、计针时器等；注册号为76554的"PUMA"商标，有效期自2008年12月2日至2018年12月1日，核定使用商品为各类做运动准备时穿的运动服、运动衣、运动裤、运动衫、鞋、运动袜等；注册号为76559的" "商标，有效期自2008年12月2日至2018年12月1日，核定使用商品为各类做运动准备时穿的运动服、运动衣、运动裤、运动衫、运动鞋等；注册号为570147的"puma"商标，有效期自2011年10月30日至2021年10月29日，核定使用商品为衣服、鞋、帽子、包括体育用鞋和便鞋、运动服、服装带等。

2016年11月1日，旅购公司以旅游购物商品贸易方式向海关申

---

❶ 参加广东省广州市越秀区人民法院（2018）粤0104民初24550号民事判决书、广州知识产权法院（2019）粤73民终3135号民事判决书。

报一批货物，货物经文锦渡口岸实际出口，经海关查验，发现标有"PUMA"商标的手表995只，标有"PUMA（图形）"商标的运动鞋144双，标有"adidas"商标的运动鞋1533双等，上述货物价值人民币364310元。文锦渡海关经调查认为，旅购公司未经商标权人许可，在上述货物上擅自使用他人注册商标，侵犯"PUMA""PUMA（图形）"等注册商标专用权，出口上述货物已构成出口侵犯商标权货物的行为，决定没收上述侵权货物，并对旅购公司处以罚款人民币38000元的行政处罚。

彪马欧洲公司向一审法院提出诉讼请求：①旅购公司与陈某停止侵犯彪马欧洲公司注册商标专用权的行为；②旅购公司与陈某赔偿彪马欧洲公司经济损失人民币300000元等。

法院裁判：关于旅购公司是否实施了侵害彪马欧洲公司涉案商标专用权行为的问题。一审法院认为，根据《最高人民法院关于适用〈中华人民共和国民事诉讼法〉的解释》第一百一十四条的规定，国家机关或者其他依法具有社会管理职能的组织，在其职权范围内制作的文书所记载的事项推定为真实，但有相反证据足以推翻的除外。旅购公司辩称对上述行政处罚决定书不知情，未实施上述行政处罚决定书所记载的被诉侵权行为，但至今仍未对涉案行政处罚决定书申请复议或提起行政诉讼，亦未提交相反证据，故对旅购公司的上述抗辩不予采纳，认定涉案深关知罚字［2016］第4023号行政处罚决定书可为认定事实的依据。根据上述行政处罚决定书所记载的内容及文锦渡海关提供的涉案货物的照片显示，旅购公司出口销售的运动鞋上使用" "" "标识，手表上使用" "图形以及"PUMA"组合标识，上述标识能够起到识别商品来源的作用，构成商标性使用。上述运动鞋上的" "" "标识与彪马欧洲公司注册的第76559号、第570147号注册商标进行比对，两者在视觉上基本无差别，构成相同。涉案运动鞋与第76559号、第570147号注册商标核定使用商品中的运动鞋属于同一类商品。上述手表上的"▬"图形以及"PUMA"组合标识与彪马欧洲公司注册的第G582886号注册商标进行比对，两者的构成要素以及整体结构相似，构成近似。手表与第G582886号核定使用商品钟表为同一类商品。综上，涉案运动鞋与手表属于未经商标注册人许可，在同一种商品使用与彪马欧洲公司注册商标相同或近似的情形，是侵犯彪马欧洲公司涉案注册商标专用权的商品。旅购公司出口销售上述侵权商品，构成侵害彪马欧洲公司涉案第G582886号、第76559号、第570147号注册商标专用权的行为，且旅购公司未能举证说明其销售的涉案侵权商品有合法来源，故旅购公司依法应对涉案侵权行为承担停止侵权及赔偿损失的民事责任。

二审法院认为，根据涉案海关货物查验记录单和货物照片查明，中华人民共和国文锦渡海关于2016年11月1日查扣一批包括手表、运动鞋的出口货物，该货物中部分货物使用的商标与彪马欧洲公司涉案第G582886号、第76559号、第570147号注册商标相同或近似，使用的商标品类相同，该批货物是以旅购公司为抬头的单证报关出口。旅购公司与陈某上诉理由是，被海关查处的对方提交的陈述报告、扣留清单、授权委托书上所盖的"广州旅购国际贸易有限公司"虚假，是威时沛运货运（广州）有限公司（以下简称"威时沛运公司"）冒用旅购公司名义作出，出口货物行为与旅购公司无关。二审法院认为，首先，旅购公司没有提供初步证据证明向海关提供陈述报告、扣留清单、授权委托书的正是威时沛运公司；即使旅购公司主张属实，由于旅购公司与威时沛运公司存在合作关系，旅购公司允许威时沛运公司使用旅购公司名义出口货物，而旅购公司就相关出口行为可以获得政府补贴，则旅购公司取得权利的同时则应承担相应义务，对出口行为所涉后果承担责任。即使被文锦渡海关查处的对方提交的陈述报告、扣留清单、授权委托书上所盖的"广州旅购国际贸易有限公司"虚假，也不影响对行为责任方的认定。而对旅购公司与威时沛运公司之间的内部关系如何认定，不属该案审查范围。一审法院没有对陈述报告、扣留清单、授权委托书上所盖印章进行同一性鉴定并无不当，不属于事实认定清。至于旅购公司与陈某对行政处罚行为提起行政诉讼，不影响民事争议的处理，该案不需要中止审理。承前认定，出口单位旅购公司未经许可，在出口的相同类别商品上使用了与彪马欧洲公司涉案注册商标相同或近似的商标，容易导致混淆，侵害了彪马欧洲公司涉案商标专用权。

（三）著作权纠纷的裁判规则

1. 美术作品的认定

典型案例：上诉人 WD-40 制造公司（WD-40 Manufacturing Company）与被上诉人广州市卫斯理化工科技有限公司（以下简称"卫斯理公司"）著作权权属、侵权纠纷案。❶

基本案情：2013 年 11 月 29 日，国家版权局向一审原告 WD-40 制造公司颁发作品登记证书。证书载明：申请者 WD-40 制造公司（美国）提交的文件符合规定要求，对其于 2003 年 7 月 31 日创作完成，并于 2003 年 9 月 30 日在深圳首次发表的美术作品 Product Label Design，申请者以法人作品著作权人身份依法享有著作权。经中国版权中心审核，对该作品的著作权予以登记。登记号为国作登字-2013-F-00109052。证书后附有该作品图样，如图 1-1 所示。WD-40 制造公司认为，卫斯理公司制造销售的产品（如图 1-2 所示）侵犯了其美术作品的著作权。于是向一审法院提出诉讼请求：①卫斯理公司立即停止侵权 WD-40 制造公司 Product Label Design 系列美术作品（登记国号为国作登字-2013-F-00109052）的署名权、复制权、发行权与改编权；②卫斯理公司对其著作权侵权行为赔偿 WD-40 制造公司经济损失 60000 元；③卫斯理公司在《中国消费者报》、卫斯理公司的官方网站（www.veslee.com）、微信公众

---

❶ 参见广东省广州市黄埔区人民法院（2018）粤 0112 民初 1388 号民事判决书、广州知识产权法院（2019）粤 73 民终 2612 号民事判决书。

号（账号主体：广州市卫斯理化工科技有限公司）上刊登公开声明以消除对 WD-40 制造公司造成的不良影响并承担相关费用；④卫斯理公司承担案件的诉讼费用。

Figure 1

Figure 2

Figure 3

Figure 4

Figure 5

Figure 6

Figure 7

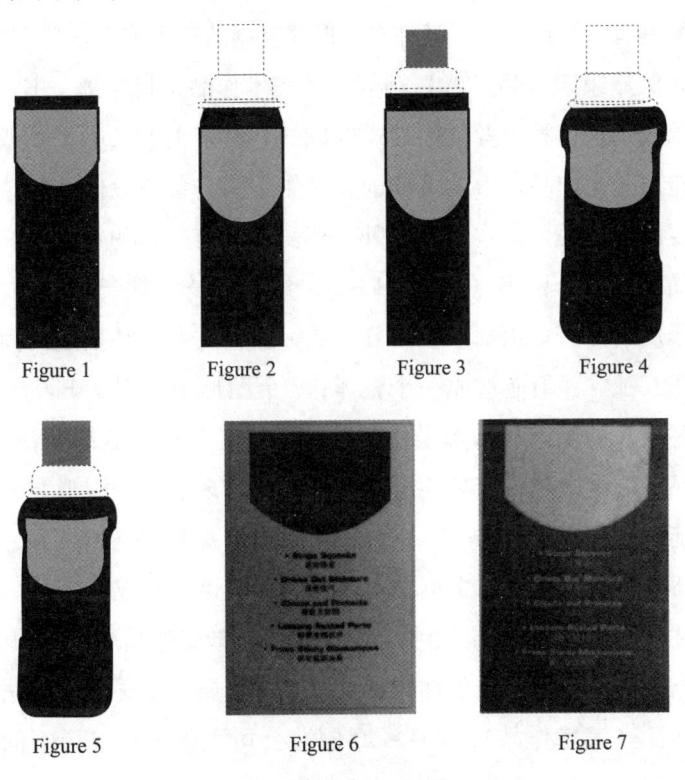

图 1-1 涉案作品附图

图 1-2 被诉侵权产品

法院裁判：关于涉案作品 Product Label Design 是否构成美术作品的问题，一审法院认为，根据《著作权法》第三条、《著作权法实施条例》第二条的规定，著作权法所称的作品是指文学、艺术和科学领域具有独特性并能以某种有形形式复制的智力成果。《著作权法实施条例》第四条第（八）项规定，美术作品是指绘画、书法、雕塑等以线条、色彩或者其他方式构成的具有审美意义的平面或者立体的造型艺术作品。由此可知，美术作品除具备一般作品的独创性和可复制性这两个基本属性之外，还需要具有一定的审美意义。涉案作品是由7个图形（Figure 1~7）组成，是对其产品同一面的、不同程度（是否加顶部瓶盖部分、是否加上文字等）描述的简单汇总，相互独立，不能形成一个整体；7个图形中特别是 Figure 1~5 所呈现出来的竖向长方形是由产品的形状（圆柱形瓶罐）决定的，而产品的形状则是由其功能决定的，即所呈现的7个图形与该产品的功能密切相关；Figure 6、Figure 7 图形组合与文字均一致，只有颜色不同，且虽有添加中英文对照文字，但该文字仅为产品的功能性描述，不具有独创性与审美意义。因此，涉案作品所使用的图形、颜色与文字均不具有独创性与审美意义，不属于我国著作权法意义上的作品（美术作品），WD-40 制造公司主张著作权项下的署名权、复制权、发行权与改编权无法律依据，其诉求不予支持。

二审法院认为，关于涉案作品是否属于我国著作权法意义上的美术作品的问题。首先，著作权登记证书并不是认定某项客体具有独创性并获得保护的决定性依据。根据国家版权局《作品自愿登记试行办法》第一条的规定："为维护作者或其他著作权人和作品使用者的合法权益，有助于解决因著作权归属造成的著作权纠纷，并为解决著作权纠纷提供初步证据，特制定本办法。"作品著作权登记的目的是为解决著作权纠纷提供初步证据。因此，涉案作品获得著作权登记本身并不能成为其当然能够获得《著作权法》保护的依据。其次，《著作权法》的基本理念是保护思想的独创性表达但不保护思想，不具有功能性和实用性的表达才能有条件地被纳入《著作权法》

的保护。根据《著作权法实施条例》第二条、第四条第（八）项的规定，涉案作品能否构成美术作品，应当判断其是否满足作品的三个构成要件：其一，是否属于文学、艺术和科学领域的一种表达形式；其二，是否具有独创性；其三，是否能以有形形式复制。同时，还应当满足美术作品的特殊构成要件，即以线条、色彩或其他方式构成；具有审美意义；平面或立体的造型艺术。因此，涉案作品是否具有独创性和审美意义是判断其能否成为著作权法意义上美术作品并获得著作权法保护的核心问题。

对于美术作品而言，其独创性要求体现作者在美学领域的独特创造力和观念。因此，那些既有欣赏价值又有实用价值的客体是否可以作为美术作品保护取决于作者在美学方面付出的智力劳动所体现的独特个性和创造力，那些不属于美学领域的智力劳动则与独创性无关。就该案而言，涉案作品所使用的红黄蓝的颜色搭配、长方形与盾形的图形结合、文字部分的描述、排列以及与整体图形的搭配等并不能体现作者在美学领域独特的、个性化的表达，也没有使人产生对美的需要被满足时一种愉悦的反应，因此该涉案作品没有达到美术作品的创造性高度，不具有独创性与审美意义，故而不属于我国著作权法意义上的美术作品。

2. 复制行为的认定

典型案例：上诉人广州市天海花边有限公司（以下简称"广州天海公司"）、广东天海花边有限公司（以下简称"广东天海公司"）、TIANHAI LACE USA. INC.（以下简称"美国天海公司"）与被上诉人广州铠琪有限公司（以下简称"铠琪公司"）、广州禾顺服饰实业有限公司（以下简称"禾顺公司"）、原审第三人深圳盈丰舜彩贸易有限公司（以下简称"盈丰公司"）著作权侵权纠纷案。❶

基本案情：美国天海公司等是涉案作品第 A0342 号花型的著作

---

❶ 参见广东省广州市越秀区人民法院（2017）粤 0104 民初 23435 号民事判决书、广州知识产权法院（2019）粤 73 民终 3588 号民事判决书。

权人。美国天海公司等主张铠琪公司等未经允许,在生产销售的涉案连衣裙上使用其作品,侵犯其对作品享有的复制权和发行权。一审法院认为,铠琪公司的行为侵犯了原告方对其作品享有的发行权,但未侵犯原告方的复制权。美国天海公司等不服提起上诉,主张铠琪公司侵犯其对作品享有的复制权。

法院裁判:对于当事人争议的铠琪公司、禾顺公司有否实施复制行为的问题,一审法院认为,根据《著作权法》的规定,复制权是以印刷、复印、拓印、录音、录像、翻录、翻拍等方式将作品制作一份或者多份的权利。按照著作专有权利控制特定行为的原理,受复制权控制的复制行为就是以一定方式将作品制作一份或者多份的行为,即作品数量上需实现从一到二、从少到多的过程。具体到该案中,涉案连衣裙上的蕾丝布料上使用了广州天海公司、广东天海公司、美国天海公司享有权利的美术作品,从作品复制角度而言,生产该带有美术作品的蕾丝布料的行为实现了该作品从少到多,属于复制行为;而使用该蕾丝布料加工、生产服装并进行销售的行为并未导致作品的数量产生变化,即作品复制行为到生产蕾丝布料完成时即已结束,生产制造服装并销售的行为并不属于复制行为。根据铠琪公司、禾顺公司举证以及盈丰公司陈述,一审法院可以确认涉案蕾丝布料系自盈丰公司处采购获得,故铠琪公司、禾顺公司并非该蕾丝布料的生产者,未实施复制行为,广州天海公司、广东天海公司、美国天海公司主张铠琪公司、禾顺公司侵犯复制权缺乏依据。

二审法院认为,我国《著作权法》根据对作品利用行为的各种类型以具体规定著作财产权的权利内容。复制权是著作财产权中最核心的权利,是指权利人有权将作品制作一份或者多份的权利,属于著作权人享有的复制作品的专有权利。根据受控行为界定专有权利的基本原则,要准确把握复制权必须理解受到复制权控制的复制行为。《著作权法》规定的复制行为具有以下构成要件:一是该行为应当在有形物质载体上再现作品。复制行为必须是将作品通过印刷、复印等方式在有形物质载体上再现作品;二是该行为应当使得作品被相对稳定和持久地固定在有形物质载体上，形成作品的一份或者多份复制件。该案中，在涉案蕾丝布料上再现被诉侵权作品的行为属于复制行为，铠琪公司、禾顺公司利用蕾丝布料加工生产涉案连衣裙并非《著作权法》规定的复制行为，即铠琪公司、禾顺公司利用涉案蕾丝布料生产、加工涉案连衣裙属于对于侵权复制品的利用行为，其使用的是涉案蕾丝布料这一客体，可以直接利用这一有形物质载体生产出各种不同类型的服饰，但利用已复制作品的有形物质载体复制件行为本身并非二次或者再次复制行为，而是对于复制件的使用行为，其本身并不构成《著作权法》上的复制行为。在布料上复制作品构成侵害复制权，而对于同一复制件的再次利用并不是复制行为，除非在再次利用过程中实施新的复制行为，该案涉案蕾丝布料与涉案连衣裙均是同一复制件，不可能存在既在生产布料时实施复制行为，而在制作成品连衣裙时又实施复制行为。因此，一审法院认定铠琪公司、禾顺公司加工、生产涉案连衣裙的行为不构成复制行为的结论正确，二审法院依法予以维持。该案需要将布匹制造与连衣裙制造这两个行为进行细致区分，制造布匹上呈现该案作品属于复制行为，对于复制件进行再次生产不构成复制，除非再次实施复制行为。

3. 关于法定赔偿的适用

典型案例：上诉人保罗弗兰克实业有限责任公司（Paul Frank Industries LLC，以下简称"保罗弗兰克公司"）与被上诉人广州市越秀区艺居工艺品行（以下简称"艺居工艺品行"）著作权侵权纠纷案。❶

基本案情：保罗弗兰克公司以艺居工艺品行销售的涉案商品侵犯其著作权为由提起诉讼，一审法院判决艺居工艺品行停止侵权，并赔偿保罗弗兰克公司经济损失 15000 元（包括经济损失以及合理

---

❶ 参见广东省广州市越秀区人民法院（2018）粤 0104 民初 25955 号民事判决书、广州知识产权法院（2019）粤 73 民终 2687 号民事判决书。

费用）。保罗弗兰克公司不服，提起上诉称：①国家正在不断加大知识产权保护力度，建设创新型国家，而一审判决赔偿金额不足被上诉人 2 个月的租金，没有体现国家现行的政策和法规精神。被诉侵权产品属于"三无"产品，无合法的生产厂家，产品质量低劣，混合使用其多个著作权及商标，可见被上诉人主观恶性极强，侵权情节恶劣。②上诉人为了维护、提升 Paul Frank（大嘴猴）的品牌价值，投入了巨额的广告宣传费用，理应得到更高数额的司法保护。③一审法院认定的赔偿数额过低，上诉人为了制止侵权而支出的合理费用没有得到合理赔偿，赔偿数额适度才能产生良好的社会效应。艺居工艺品行辩称，其只是一个销售方，并不知涉案产品为侵权产品，且销售数量少，一审判决数额合理。

法院裁判：对于当事人争议的赔偿金额问题；二审法院认为，《著作权法》第四十九条规定，侵犯著作权或者与著作权有关的权利的，侵权人应当按照权利人的实际损失给予赔偿；实际损失难以计算的，可以按照侵权人的违法所得给予赔偿。赔偿数额还应当包括权利人为制止侵权行为所支付的合理开支。权利人的实际损失或者侵权人的违法所得不能确定的，由人民法院根据侵权行为的情节，判决给予 50 万元以下的赔偿。《最高人民法院关于审理著作权民事纠纷案件适用法律若干问题的解释》第二十五条、第二十六条规定，人民法院在确定赔偿数额时，应当考虑作品类型、合理使用费、侵权行为性质、后果以及为制止侵权行为所支付的合理开支等情节综合确定。该案中，现有证据不足以证明保罗弗兰克公司因该案侵权行为所遭到的实际损失、侵权人的获利情况，故赔偿数额依法由法院酌定。一审法院综合考虑涉案美术作品的类型、载体，侵权商品的价格，作品的形象及数量，作品的知名度、影响力，艺居工艺品行侵权行为的性质、主观过错程度、销售数量及保罗弗兰克公司为制止侵权行为所支付的合理维权费用等因素，酌情确定艺居工艺品行赔偿 15000 元（包含经济损失以及合理费用）。虽然一审法院认定的赔偿金额稍低，但仍在合理范围之内，未畸低到需二审法院予以改判，在二审没有出现其他影响赔偿数额的新因素情况下，二审法院尊重一审法院的自由裁量权。

（四）涉外知识产权程序规则

1. 合并审理及管辖规则

典型案例：上诉人索尼移动通信产品（中国）有限公司（以下简称"索尼移动公司"）、索尼（中国）有限公司（以下简称"索尼公司"）等与被上诉人杜某、深圳市微运动信息科技有限公司（以下简称"微运动公司"）等侵害商标权纠纷管辖权异议案。❶

基本案情：杜某、微运动公司以索尼移动公司、索尼公司、索尼移动通信有限公司、深圳市腾飞纯科商务有限公司（以下简称"腾飞纯科公司"）等为被告，提起侵害商标权诉讼。索尼移动公司、索尼公司在其管辖权异议申请被驳回后提起上诉称，应对该案各被告不具有关联性的被诉侵权行为进行分案、分别确定管辖法院。主要理由是：①虽然两被上诉人请求判令四被告共同停止对涉案商标的宣传行为、共同赔偿两被上诉人的合理维权费及诉讼费，但其在起诉状中列明的各被告的侵权行为明显不同，其也未对各被告的被控侵权行为具有关联性或存在意思联络作出任何说明。原审法院基于两被上诉人提出了相应主张，且各被告的被诉侵权行为在时间上存在重叠，不能排除被诉侵权行为存在关联性的可能，并进而认定该案构成共同诉讼且可在一个案件中审理属于事实认定错误、适用法律错误。退一步来说，即便该案构成共同诉讼，由于各被告对诉讼标的没有共同的权利义务，显然也并非必要共同诉讼。如果该案仅为普通共同诉讼，在上诉人明确反对的情况下，该案也不应在同一个案件中进行审理。②两上诉人住所地并不在深圳，被诉侵权行为也并未发生在深圳，原审法院对两上诉人所涉案件建立管辖的唯一连接点在于其与腾飞纯科公司被诉在同一案件中。如果腾飞纯

---

❶ 参见深圳市中级人民法院（2017）粤03民初2493号民事裁定书、广东省高级人民法院（2019）粤民辖终272号民事裁定书。

科公司并非该案适格的共同被告,则原审法院对两上诉人所涉侵权行为实际上并无管辖权。因此,该案是否构成共同诉讼,各被告是否是该案适格共同被告是确定原审法院对相关被告所涉侵权行为是否有管辖权的前提条件,理应在管辖权异议阶段予以审理。③两上诉人彼此之间在各自的微信公众账号、微博及官网上使用被诉侵权标识以及实施所谓的许诺销售、销售等被诉侵权行为,表现完全不同,也不存在任何关联性。两上诉人与被告腾飞纯科公司在各自实施的被诉侵权行为中,既不存在任何意思联络,也不存在分工协作。因此,两上诉人均认为其各自实施的被诉侵权行为以及被告腾飞纯科公司实施的被诉侵权行为,不应在一个案件中进行审理。

法院裁判: 对于当事人争议的该案是否应予合并审理以及原审法院对该案纠纷是否具有管辖权的问题,二审法院认为,根据《民事诉讼法》第五十二条的规定,共同诉讼分为必要共同诉讼和普通共同诉讼两种。必要共同诉讼的诉讼标的是同一的,是不可分之诉,例如对共同共有财产的诉讼、共同侵权致人损害产生的诉讼、共同继承的诉讼、连带债权或连带债务产生的诉讼等。而普通共同诉讼的诉讼标的是同一种类的,为可分之诉。该案中,杜某、微运动公司提交的现有证据即相关公证书所证明的事实,仅仅显示两上诉人、索尼移动公司、腾飞纯科公司实施了涉嫌侵犯商标专用权的行为,不能证明腾飞纯科公司涉嫌侵权产品来源于两上诉人,亦不能证明各涉嫌侵权行为人存在意思联络或者被控侵权行为具有关联性。换言之,两上诉人、索尼移动公司、腾飞纯科公司涉嫌侵权行为衍生之诉的诉讼标的是同一种类的,不是同一的。因此,杜某、微运动公司基于两上诉人、索尼移动公司、腾飞纯科公司涉嫌侵权行为提起的该案诉讼,是普通共同诉讼,不是必要共同诉讼。

根据《民事诉讼法》第五十二条第一款的规定,普通共同诉讼的合并审理应以当事人的同意为前提。该案中,杜某、微运动公司于2017年11月向深圳市中级人民法院提起该案诉讼后,索尼公司、索尼移动公司分别于2018年8月、2019年1月向深圳市中级人民法院提交异议申请，不同意合并审理。在此情况下，杜某、微运动公司基于两上诉人、索尼移动公司、腾飞纯科公司涉嫌侵权行为提起的诉讼，人民法院不能进行合并审理，应当分案审理。

根据《民事诉讼法》第二十八条的规定，深圳地区法院对索尼移动公司、腾飞纯科公司的被诉侵权行为享有管辖权；索尼公司、索尼移动公司所在地法院分别对两公司的被诉侵权行为享有管辖权，具体管辖法院需待分案后杜某、微运动公司明确诉讼请求后再行确定、处理。

依照《民事诉讼法》第一百七十条第一款第（二）项、第一百七十一条的规定，裁定如下：①撤销深圳市中级人民法院（2017）粤03民初2493号民事裁定；②该案分案后重新确定管辖。

2. 重复诉讼的判断

典型案例：卫斯理公司与被上诉人WD-40制造公司不正当竞争纠纷案。❶

基本案情：WD-40制造公司的WD-40产品于1993年进入中国市场，经过广泛的销售和持续宣传，WD-40产品在行业内具有相当的知名度及美誉度。卫斯理公司成立于2010年7月14日，经营范围为专项化学用品制造（监控化学品、危险化学品除外）、涂料制造（监控化学品、危险化学品除外）、货物出口（专营专控商品除外）。WD-40制造公司认为，卫斯理公司经营的VD-60产品构成侵权，遂以卫斯理公司构成不正当竞争为由提起诉讼。一审法院判决认为卫斯理公司的行为构成不正当竞争，遂判决：①卫斯理公司立即停止生产、销售与WD-40制造公司的WD-40产品包装装潢近似的VD-60产品的行为；②卫斯理公司在判决生效之日起10日内向WD-40制造公司赔偿经济损失及合理维权支出人民币3万元；③驳回WD-40制造公司的其他诉讼请求。卫斯理公司不服，

---

❶ 参见广东省广州市黄埔区人民法院（2018）粤0112民初1390号民事判决书、广州知识产权法院（2019）粤73民终2800号民事判决书。

提起上诉称,对于涉案产品 VD-60 外包装,WD-40 制造公司已经以商标侵权为由提起诉讼(案号为:2018 粤 0112 民初 1389 号),且一审法院判决卫斯理公司侵权,要求支付赔偿金 30 万元,该案也在二审阶段,因同一款产品,其包装和装潢也涵盖了商标,根据"一事不再理"原则,该案应该不再受理,如果受理,也不应该判决上诉人承担赔偿责任。

法院裁判:关于该案是否构成重复诉讼的问题,二审法院认为,根据《最高人民法院关于适用〈中华人民共和国民事诉讼法〉的解释》第二百四十七条第一款的规定:"当事人就已经提起诉讼的事项在诉讼过程中或者裁判生效后再次起诉,同时符合下列条件的,构成重复起诉:(一)后诉与前诉的当事人相同;(二)后诉与前诉的诉讼标的相同;(三)后诉与前诉的诉讼请求相同,或者后诉的诉讼请求实质上否定前诉裁判结果。"二审法院认为,WD-40 制造公司与卫斯理公司的前诉是侵害商标权纠纷一案,后诉是不正当竞争纠纷一案,后诉与前诉的诉讼标的、诉讼请求皆不相同,因此该案不构成重复起诉。

3. 公证书证据效力的审查

典型案例:上诉人广东美致智教科技股份有限公司(以下简称"美致公司")、广东美致智教科技股份有限公司第二分公司(以下简称"美致第二分公司")、汕头市智乐拼玩具有限公司(以下简称"智乐拼公司")与被上诉人乐高公司以及原审被告广州智玩贸易有限公司(以下简称"智玩公司")著作权侵权纠纷案。[1]

基本案情:乐高公司以美致公司、美致第二分公司、智乐拼公司、智玩公司侵犯其著作权为由提起诉讼。一审法院判令美致公司、美致第二分公司、智乐拼公司立即停止侵权,并赔偿乐高公司损失若干。美致公司、美致第二分公司提起上诉称,乐高公司提供的公

---

[1] 参见广东省广州市越秀区人民法院(2016)粤 0104 民初 39586-39587 号民事判决书、广州知识产权法院(2019)粤 73 民终 2252-2253 号民事判决书。

证书证据存在取证设备未能清洁、违规采用窃听窃照设备、诱导性谈话等违反真实性与合法性的重大问题，对于认定其是否实施侵权行为的重要证据（2016）沪黄证经字第 6003 号公证书不能作为定案依据。

法院裁判：对于涉案公证书是否应予采信的问题，二审法院认为，《民事诉讼法》第六十九条规定，经过法定程序公证证明的法律事实和文书，人民法院应当作为认定事实的根据，但有相反证据足以推翻公证证明的除外。该案中，美致公司、美致第二分公司、智玩公司并未能提供确实的证据证明涉案公证存在违法或与客观事实不符的情形，关于（2016）沪黄证经字第 6003 号公证书中显示有四箱产品，而实际是五箱产品的问题，公证处出具了相关的情况说明，且经一审当庭拆封实物，封存的物品与公证书中所载明的一致，故该份公证书中的上述瑕疵并不足以影响该份公证书的真实性及证明力。

4. 当事人能力与权利能力的区分

典型案例：上诉人美致公司、美致第二分公司、智乐拼公司与被上诉人乐高公司以及原审被告智玩公司著作权侵权纠纷案。❶

基本案情：乐高公司以美致公司、美致第二分公司、智乐拼公司、智玩公司侵犯其著作权为由提起诉讼。一审法院判令美致公司、美致第二分公司、智乐拼公司立即停止侵权，并赔偿乐高公司损失若干。美致公司、美致第二分公司提起上诉称，根据我国《公司法》的规定，分公司不具备独立法人资格，其民事责任由设立的公司承担，美致第二分公司作为美致公司的分支机构，并不具备独立的法人资格及责任承担能力，其所涉民事责任应由总公司承担。一审法院在适格诉讼主体、诉讼主体地位界定及责任分配等方面的法律适用错误，将增加执行上的争议。

---

❶ 参见广东省广州市越秀区人民法院（2016）粤 0104 民初 39586－39587 号民事判决书、广州知识产权法院（2019）粤 73 民终 2252－2253 号民事判决书。

法院裁判：对于美致第二分公司的诉讼主体资格及责任承担问题，二审法院认为，《民事诉讼法》第四十八条第一款规定，公民、法人和其他组织可以作为民事诉讼的当事人。《最高人民法院关于适用〈中华人民共和国民事诉讼法〉的解释》第五十二条第（五）项规定："民事诉讼法第四十八条规定的其他组织是指合法成立、有一定的组织机构和财产，但又不具备法人资格的组织，包括：……（五）依法设立并领取营业执照的法人的分支机构；……"该二案中，美致第二分公司属于依法设立并领取营业执照的法人分支机构，具有诉讼主体资格，属于适格的被告。《公司法》中对分公司的规定涉及的是实体民事责任的承担问题，与美致第二分公司具有诉讼主体资格并不冲突。关于责任承担的问题，分公司依法登记并领取营业执照，具有经营资格，可以在总公司的委托或授权范围内从事相关经营活动，若分公司实施的行为侵犯他人合法权益，分公司应停止该侵权行为的实施；同时，分公司为从事相应经营活动，必然拥有一定数量的可支配财产，又因分公司是总公司的组成部分，分公司的财产实际仍属于总公司，故总公司与分公司的所有财产都属于责任财产范围。

五、2019年广东涉外知识产权纠纷案件的启示和建议

（一）创新是企业的核心竞争力，国内企业应当牢固树立自主创新的理念和不断增强创新的能力

自主创新是攀登世界科技高峰的必由之路，而在自主创新的过程中，居于核心地位的正是知识产权意识，它是一切创新的基础。而通过分析2019年广东法院审理的涉外知识产权案件不难发现，我国的一些企业经营者、个体经营者不仅创新能力低下，而且创新意识严重匮乏，甚至认为投入资金研发产品是一种浪费，经济回报远不如"傍名牌""搭便车"来得快，贴牌生产在中小企业中十分普遍。这些"贴牌企业"不注重提高产品附加值和竞争力，导致产品始终停留在简单加工、模仿的层面，面临着巨大的知识产权

风险。

可见，我国许多中小企业处于"非知识产权"的管理状态，无视国家对知识产权的保护，只想要低成本赚快钱。然而，"傍名牌""贴标签""搭便车"这样的行为并非长久之计，终究是要被"戳穿"的。事发东窗后，这些企业不仅需承担相应的赔偿责任，而且还导致企业品牌、商誉被贬低，影响企业的进一步发展与壮大，可谓得不偿失。

在如今国际产业分工越来越细的背景下，知识产权已经成为国际产业分工利益链条上参与高端竞争最重要的要素，其竞争力要远远高于劳动力、资本、土地等传统要素。在当今的知识经济时代中，知识产权是知识经济的重要组成内容，它是一种以公开换保护的独占权，是一种合法的垄断权，能够产生巨大的经济效益。如果一家企业对知识产权的开发和保护不屑一顾，就相当于放弃核心技术，迟早会被市场抛弃。因此，我们的企业应当在思想上真正重视知识产权的作用，重视对知识产权的保护，转变热衷于拼劳动力成本、拼资源消耗，而忽视知识产权创新的老路子，杜绝照搬照抄，切忌将侵权视作成功的捷径，而将自主投资研发视作无用的付出。

（二）法律风险（尤其是知识产权侵权风险）是现代企业生产经营中存在的重大隐患，国内企业应当不断增强法律风险意识，避免有意侵权和无意侵权

1. 重视知识产权法律风险，避免有意的知识产权侵权

现实生活中，一些企业和个人在生产经营过程中，有意甚至恶意抄袭他人的技术方案、设计方案和作品，有意甚至恶意"傍名牌""搭便车"，通过侵犯他人的知识产权而谋求不当甚至非法利益。实际上，这些貌似普通平常的牟利行为，面临着非常大的法律风险，行为人不仅会因此承担一定的民事责任，还可能因此而受到行政处罚，甚至可能因此而构成刑事犯罪。如前所述，在广东省深圳市龙岗区人民法院审结的（2018）粤0307刑初420号刑事案件中，深圳

市两公司及四名管理人员就因为构成假冒注册商标罪,分别被判处有期徒刑及罚金。

2. 建立知识产权风险预防制度,防止无意的知识产权侵权风险

企业在生产经营的过程中,不仅要杜绝"傍名牌""贴标签""搭便车"这些低劣的恶意侵权的行为,也要加强对知识产权保护制度的了解,增强法律意识,防止企业因可以避免的违法性的认识错误而侵犯他人的知识产权。如何才能避免因违法性认识错误而无意侵犯他人知识产权?笔者认为,首先,企业要加强企业内部的知识产权人才队伍建设,要定期组织对企业研发人员知识产权法律的培训,提高企业内部人员的法治意识和法律水平,形成保护知识产权的企业文化。其次,企业要结合自己所处的行业、产品类型,通过配备专职的法律工作人员或委托第三方专业机构等方式建立健全自己的知识产权预防机制。在准备研发新产品、新技术前,应利用该机制对类似产品的知识产权进行检索,提前了解市场上的专利壁垒。这样既能避免盲目投入大额资金重复研制现存技术,又能有效减少被诉侵权的风险。最后,企业管理者也要提高知识产权保护意识,增强对知识产权侵权的风险控制和风险管理的能力,在企业日常经营管理决策中要充分地考虑知识产权问题,将知识产权风险防范作为一项常规的管理工作,进而提高企业对知识产权风险的整体防控能力。

(三)正面应对、分类施策,采取各种积极措施化解知识产权诉讼风险

在企业的生产经营过程中,与他人发生知识产权侵权纠纷的情况难以完全避免。因此,应当针对不同情形,采取相应的策略,依法维护自身的合法权益,降低可能的法律风险。

1. 积极应对

面对不实和不确定的知识产权警告和诉讼,企业应积极应诉,绝不可以消极避战。一是要高度重视知识产权侵权警告和诉讼,聘请专业人员,积极收集相关的证据,全面研究分析相关的法律和技

术专业问题,力争从根本上否认对方的侵权指控;二是要积极提出各种抗辩主张,力求减轻或免除自己的赔偿责任;三是适时主动进攻,申请宣告对方权利无效或者撤销对方的相应权利,必要时可以提起知识产权确认不侵权之诉,积极主动化解知识产权侵权风险。

2. 知错能改

面对败诉风险高及确定败诉的知识产权诉讼,可积极谋求和解,绝不可死扛到底。有些企业和个人心存侥幸心理,通过侵犯他人知识产权的方式谋求利益。在其侵权行为被发现并被诉至法院的情况下,如果仍然不思悔改,必然会受到法律的严惩,最终得不偿失。有些企业或个人由于法律意识的缺失,过失侵犯了他人的知识产权,在被诉至法院的时候,也将面临较大的败诉风险。在上述情形下,涉嫌侵权的企业或个人最好通过向对方真诚地表示歉意,积极赔偿对方经济损失,通过承诺以后不再侵权等方式获取对方的谅解。实际上,许多知识产权权利人基于对诉讼成本以及侵权人承诺内容的考量,也会尽力促成和解,以最低的成本达到其追求的目的,而不会一味地坚持以诉讼的方式解决争端。当然,和解并非简单地息事宁人,化解眼前的纠纷和风险。实际上,很多时候双方当事人可将双方之间的对抗转化为合作,从而促进知识产权的运用和转化,实现当事人之间的合作共赢。

第二章 2019年广东涉外知识产权行政保护情况

本章聚焦2019年度广东的涉外知识产权行政保护。知识产权的行政保护是一个内涵丰富的概念，涵盖知识产权的行政管理、行政服务与行政执法。行政管理指审查授权、确权、登记管理、相关中介组织的监管以及非自愿许可的许可费裁决等。行政服务是指为知识产权的取得、转化或产业化、交易、保护提供政策、机制、信息等的支持与引导。行政执法则指对知识产权法上的违法行为进行查处或者处理。本章由两个部分构成：一是对2019年度广东涉外知识产权行政保护发展情况进行全面复盘；二是为完善广东涉外知识产权的行政保护提出建议。

一、2019年广东涉外知识产权行政保护发展情况

（一）制度建设

1.《广东省举报侵犯知识产权和制售假冒伪劣商品违法行为奖励办法》的出台

为充分调动社会公众举报侵犯知识产权和制售假冒伪劣商品违法行为的积极性，从而依法严厉打击侵犯知识产权和制售假冒伪劣商品违法行为，广东省人民政府于2019年4月30日发布了《广东省举报侵犯知识产权和制售假冒伪劣商品违法行为奖励办法》（粤府〔2019〕40号）。该办法对广东省各县级以上人民政府与举报所辖行政区域内侵犯知识产权和制售假冒伪劣商品以及为侵犯知识产权和制售假冒伪劣商品提供服务的违法行为的举报人之间举报与受理核实举报、给予与接受奖励等关系进行调整。举报人可通过包括新媒体在内的多种渠道进行实名或者匿名举报。举报人享有通过广东省市场监督管理局负责管理和运行的举报处置智慧监管平台询问举报线索的办理情况、举报人真实信息及举报情况不被非法披露以及免于打击报复的权利。与此同时，举报人负有真实举报的义务。如果举报人一年内有两次以上诬告或虚假举报的，诬告或虚假举报情形将被纳入其个人信用记录，并予以公示；构成犯罪的，依法追究刑事责任。依该办法，各县级以上人民政府的市场监督管理部门负责举报的统一受理。在受理后，由各县级以上地方人民政府负责查处侵犯知识产权和制售假冒伪劣商品违法行为的行政部门负责核实线索、查办案件、报送案件办理情况并提出举报奖励建议。

关于可受奖励的举报，该办法从正反两面给出了界定。从正面来看，可受该办法奖励的举报需满足以下条件：①针对侵犯知识产权和制售假冒伪劣商品违法行为（包括将该办法第十一条列举的十四种商品作为促销赠品、有奖销售活动奖品），以及为侵犯知识产权和制售假冒伪劣商品违法行为提供服务的违法行为的举报；②有明确的被举报对象和具体的违法事实或违法犯罪线索；③举报的内容事先未被各级有关行政部门发现或掌握；④举报的内容须经各级有关行政部门查证属实并结案，或依法移送司法机关被追究刑事责任。新闻媒体在公开披露侵犯知识产权和制售假冒伪劣商品违法线索前主动与各级举报处置智慧监管平台沟通，提供案件线索或协助调查处理的，在符合其他条件的情况下，也构成可受奖励的举报。从反面来看，以下五种情形不构成可受该办法奖励的举报：①与查处侵犯知识产权和制售假冒伪劣商品违法行为工作相关的国家机关、事业单位工作人员的举报；②侵犯知识产权的被侵权方、假冒伪劣商品的被假冒方及其委托代理人或利害关系人的举报；③属于申诉案件的举报；④对商品的标签、说明书存在不影响产品质量安全且不会对公众造成误导的瑕疵的举报；⑤其他法律法规规定的已作奖励情形。

行政执法案件奖励金额的计算区分为有无罚没金额（包括罚款、没收的违法所得、没收涉案物品的拍卖款项）。有罚没金额的案件，奖励金额为罚没金额乘以相应奖励等级的百分比。依该办法，奖励等级按照举报内容与违法事实查证的确凿程度和配合情况分为A、B和C三个等级，对应的百分比为10%、8%和5%。各等级的奖励金额有相应最低奖励金额。除第十九条规定的三种情形外，单宗案件最高奖励金额一般不超过50万元。无罚没金额的案件，各等级的奖励金额为规定的数额。违法主体内部人员举报的，可按上述标准增加1倍计算奖励金额。举报奖励奉行"一案一奖"的原则。同一案件由两个以上举报人分别举报的，奖励最先举报人，举报顺序以各级举报处置智慧监管平台受理举报的时间为准，举报顺序在后，但是提供的线索对案件查处起直接、重大作用的，应当给予C类奖励。两人以上联名举报同一案件的，按同一举报人予以奖励，举报奖励金由举报人协商分配；协商不成的，举报奖励金平均分配。一个举报涉及两种或两种以上违法行为、由不同行政部门立案查处或同一行政部门分案查处的，举报奖励按案件数分别给予举报奖励金。

负责核实线索、查办案件的各县级以上地方人民政府负责查处侵犯知识产权和制售假冒伪劣商品违法行为的行政部门对举报奖励金进行计算、初核以及报批。这些行政部门在完成内部审批程序后，应当在举报案件结案之日起15个工作日内将相关材料报送至同级市场监管部门。由该市场监管部门负责对同级行政部门报送的举报奖励金进行审核、发放。单笔奖励金额50万元以上的，还需报本级人民政府审批。同级举报处置智慧监管平台则负责告知举报人领取奖励金。

2.《广东省自主创新促进条例》的修订

为进一步提升广东省的自主创新能力，广东省第十三届人民代表大会常务委员会于2019年9月25日通过对《广东省自主创新促进条例》的修订。修订的条例以科技成果的创造、转化与产业化为抓手，推进广东省自主创新能力的建设。依据该条例，有关行政机关负有采取相应措施推动科技成果的创造、转化与产业化的职责。在自主创新促进工作的职责分配方面，县级以上人民政府领导该行政区域内的自主创新促进工作，组织有关部门开展自主创新战略研究，编制自主创新规划和年度计划，确定自主创新的目标、任务和重点领域；县级以上人民政府科学技术主管部门负责该行政区域内自主创新促进工作的组织管理服务和统筹协调；而县级以上人民政府发展改革、教育、工业和信息化、财政、人力资源社会保障、农业农村、卫生健康、知识产权等主管部门在各自的职责范围内，负责相关的自主创新促进工作。省人民政府应当优化区域创新发展布局，促进地区之间自主创新合作和信息资源共享，推进粤港澳大湾区建设和支持深圳建设中国特色社会主义先行示范区，扶持经济欠发达地区自主创新，统筹推进全省科技创新协调发展，建立完善风险防范机制，防范化解科技领域重大风险。

依该条例，有关行政机关在促进成果创造方面主要扮演服务的角色。在引导方面，通过设立和完善自主创新项目对自主创新的方向进行合理引导。支持企业、事业、组织通过技术合作、技术外包、专利许可或者建立战略联盟等方式，对现有技术进行集成创新；编制鼓励引进先进技术、装备的指南，引导企业、事业、组织和其他社会组织引进先进技术、装备。县级以上人民政府应当支持农业基础研究、新品种选育和新技术研究开发，对地域特征明显且申请条件成熟的特色、优势农产品实行地理标志保护。县级以上人民政府应当加强自主品牌与区域品牌的培育和保护工作，重点推进战略性新兴产业、先进制造业、现代服务业、优势传统产业、现代农业等产业领域的企业品牌建设。各级人民政府应当推动商业模式创新，鼓励公民、法人和其他组织开展资源与环境、人口与健康、文化创意、节能减排、公共安全、防震减灾、城市建设等领域的自主创新活动。县级以上人民政府应当制定激励扶持政策，有条件的应当设立技术标准专项资金，推动自主创新成果形成相关技术标准；鼓励企业、事业、组织和其他社会组织在自主创新活动中实行科研攻关与技术标准研究同步，自主创新成果转化与技术标准制定同步，自主创新成果产业化与技术标准实施同步。

在服务方面，依该条例，有关行政机关的着力点在于资金、设施、技术合作与交流、项目等方面。①在资金支持上，通过设立基金、加大财政投入或鼓励引导社会资金投入为基础研究、应用基础研究和科学前沿探索提供资助。省和地级以上市人民政府可以依法发起设立或者参与设立创业投资引导基金，吸引社会资金流向创业投资企业，引导创业投资企业向具有良好市场前景的自主创新项目、初创期科技型中小企业投资。②在设施上，布局建设广东省实验室。布局建设重大科技基础设施。为公共研究开发平台、公共技术服务平台、科学技术基础条件平台等公共创新平台提供规划、资金、人才、场地等方面的支持。培育和建设从事关键共性技术研发与创新成果转化的新型研发机构，并通过委托研发项目、科学仪器设备购置费用补助、运行维护费用补助等形式给予扶持。鼓励和支持通过市场化机制、专业化服务和资本化途径，建设众创空间、科技企业孵化器、互联网在线创业服务平台等新型创业服务平台，支持中小微企业和个人开展创新、创业活动。③在技术合作与交流上，支持企业、高等学校和科学技术研究开发机构共建产学研技术创新联盟、科技创新基地或者博士工作站、博士后科研工作站等创新平台，推进产学研深度融合。促进军民融合创新体系建设。鼓励与港澳台企业、高等学校、科学技术研究开发机构、科学技术社会团体联合开展科学技术攻关、共建科学技术创新平台等自主创新合作；面向港澳建立省级财政科研资金跨境使用机制。为依法开展国际科学技术合作与交流的科学技术社会团体和科学技术人员提供出入境管理、注册登记、信息服务等方面的便利条件。允许境外的企业、高等学校、科学技术研究开发机构、学术团体、行业协会等组织依法在本省独立兴办研究开发机构。④在项目上，对于以财政性资金或者国有资本为主资助的探索性强、风险性高的自主创新项目，原始记录证明承担项目的单位和科学技术人员已经履行勤勉尽责义务仍不能完成的，经立项主管部门会同财政主管部门或者国有资产管理部门组织专家论证后，可以允许该项目结题。相关单位和个人继续申请利用财政性资金或者国有资本设立的自主创新项目不受影响。

依该条例，有关行政机关应负担起服务、监管等职责，以促进成果转化与产业化。在服务方面，省人民政府应当定期发布自主创新技术产业化重点领域指南，优先支持高新技术产业、先进制造业、现代服务业和战略性新兴产业自主创新成果的转化与产业化活动。县级以上人民政府应当引导企业加大自主创新成果转化与产业化的投入。县级以上人民政府应当引导高等学校、科学技术研究开发机构的自主创新成果向企业转移或者实施许可。省人民政府和高新技术产业开发区所在地的县级以上人民政府应当引导高新技术产业开发区发展特色和优势高新技术产业、先进制造业、现代服务业和战略性新兴产业。县级以上人民政府应当制定相关扶持政策，通过无偿资助、贷款贴息、补助资金、保费补贴和创业风险投资等方式，支持自主创新成果转化与产业化。县级以上人民政府应当支持高等学校、科学技术研究开发机构和企业完善技术转移机制。县级以上人民政府及其有关主管部门应当支持科学技术中介服务机构的发展，并加强服务。推动建立高新技术产业开发区，并在用地、产业项目布局、基础设施建设、人才队伍建设、生态环境保护、公共服务配套以及相关专项资金投入等方面给予支持。县级以上人民政府应当促进主导产业集聚发展，提高专业化配套协作水平，完善产业链，促进发展形成专业镇或者产业集群。鼓励和支持金融机构开展知识产权质押融资、保险、风险投资、证券化、信托等金融创新服务。鼓励和支持科技型企业通过股权交易、发行股票和债券等方式进行融资。在监管方面，对于在利用本省财政性资金设立的项目的基础上形成的知识产权，该项目承担者应当向项目管理专业机构提交实施和保护情况的年度报告。县级以上人民政府及其有关主管部门应当加强对科学技术中介服务机构的监督、管理。

该条例还从人才建设角度促进成果的创造、转化与产业化。为使人才培养与引进工作更具针对性，省和地级以上市人民政府应当定期制定创新型人才发展规划和紧缺人才开发目录。县级以上人民政府应当优先保证对创新型人才建设的财政投入，保障人才发展重大项目的实施。省人民政府及其相关主管部门应当根据基础前沿研究、社会公益性研究、应用技术开发和成果转化等活动的不同特点，完善科学技术人才分类评价标准。省和地级以上市人民政府应当制定和完善培养、引进创新型人才的政策措施，并为创新型人才在企业设立、项目申报、科研条件保障和出入境、户口或者居住证办理、住房、医疗保障、子女入学、配偶安置等方面提供便利条件。省人民政府应当推进粤港澳大湾区创新型人才公共服务衔接，促进人才往来便利化和跨境交流合作。推动粤港澳大湾区联合引进、培养创新型人才。在有关人才引进的专门举措上，省和地级以上市人民政府科学技术主管部门应当会同有关部门组织引进优先发展产业急需的创新科研团队和领军人才。支持企业、高等学校、科学技术研究开发机构利用人才与科技信息交流平台，吸引国内外高层次人才在本省实施创新成果转化与产业化。在有关人才培养的专门举措上，县级以上人民政府应当支持企业、高等学校、科学技术研究开发机构建立创新型人才培养机制，以及开展岗位实践、在职进修、学术交流等人才培训活动。鼓励高等学校、科学技术研究开发机构选派科学技术人员参与企业自主创新活动，开展成果转化的研究攻关。鼓励企业选派专业技术人员到高等学校、科学技术研究开发机构开展自主创新课题研究。

3. 《广东省专利奖励办法》的修订

广东省人民政府于2019年2月26日修订通过了《广东省专利奖励办法》。依该办法，由省人民政府设立的广东省专利奖包括中国专利奖嘉奖和广东专利奖。就中国专利奖嘉奖而言，其奖励对象为本省获得中国专利奖的单位或者个人。授奖名单先由省人民政府专利行政部门根据每届中国专利奖授奖名单审核确认，再报省人民政府批准。省人民政府对获得中国专利金奖或者中国外观设计金奖的单位和个人，给予每项100万元的奖励；对获得中国专利银奖或者中国外观设计银奖的单位和个人，给予每项50万元的奖励；对获得中国专利优秀奖或者中国外观设计优秀奖的单位和个人，给予每项30万元的奖励。广东专利奖下设广东专利金奖、广东专利银奖、广东专利优秀奖和广东杰出发明人奖。广东专利金奖、广东专利银奖以及广东专利优秀奖从发明专利、实用新型专利和外观设计专利中评选产生，广东杰出发明人奖从专利发明人或者设计人中评选产生。广东专利奖每年评选一届，每届授予金奖不超过20项，银奖不超过40项，优秀奖不超过60项，其中授予发明专利的奖项均不少于同类别奖项的70%；杰出发明人奖不超过10项。省人民政府对获得广东专利金奖的单位，给予每项30万元的奖励；对获得广东专利银奖的单位，给予每项20万元的奖励；对获得广东专利优秀奖的单位，给予每项10万元的奖励；对获得广东杰出发明人奖的个人，给予每项10万元的奖励。广东专利奖的奖励包括申报、评审与奖励三个程序。广东专利奖的申报采取推荐与自荐相结合的方式，且须满足实质与形式条件。实质条件区分积极与消极条件。该办法第九条与第十条分别规定了申报广东专利金奖、广东专利银奖以及广东专利优秀奖与申报广东杰出发明人奖的积极条件。该办法第十一条则明确了消极条件。形式条件即提交该办法第十二、第十三条要求的各项材料。评审工作由省人民政府设立的广东专利奖评审委员会负责。评审委员会下设办公室和各专业评审组。由评审委员会办公室对收到的申报材料和推荐或自荐意见进行形式审查。对于经形式审查合格的申报，由评审委员会办公室组织各专业评审组通过书面评审、现场答辩等方式进行评审。评审委员会办公室根据各专业评审组评审结果，制定拟奖项目建议方案并提出重点项目答辩建议，提交评审委员会进行综合评审。评审委员会根据综合评审结果，提出广东专利奖拟奖名单，并在省人民政府专利行政部门网站上进行公示。评审实行异议制度，评审专家及相关工作人员负有不得泄露评审情况的义务及回避义务。最终由省人民政府进行表彰和奖励，并颁发证书和奖金。广东省专利奖颁发过程中相关主体实施违法违规行为的，将承担相应的法律责任，该违法违规行为也被记入广东专利奖诚信档案。

4.《深圳经济特区知识产权保护条例》的施行

《深圳经济特区知识产权保护条例》于 2019 年 3 月 1 日正式施行。该条例是深圳市推进最严格的知识产权保护的重要体现。依该条例，有关行政机关负有对深圳市知识产权的管理、保护与服务职能。依该条例，深圳市人民政府知识产权主管部门负责知识产权保护工作的统筹协调与组织实施，并应当每年发布知识产权保护工作情况报告。发展改革、工业信息、科技创新、财政、文体旅游、公安、司法行政、海关等依法负有知识产权保护工作职责的管理部门，根据有关法律、法规以及该条例的规定，履行知识产权保护工作职责。市人民政府设立市知识产权联席会议，建立知识产权保护工作协调机制。在知识产权的保护方面，中国（广东）自由贸易试验区深圳前海蛇口片区可以在创新知识产权保护工作机制和纠纷处理、涉外维权、综合执法等方面先行先试，提供便捷高效服务，建设知识产权保护工作示范区，其探索成果条件成熟时可以在全市推广。建立和完善多元化知识产权纠纷处理机制，实现知识产权保护行政执法、司法审判、仲裁、调解等工作的有效衔接。

完善知识产权工作情况通报制度。联席会议成员单位发现属于其他部门管辖的知识产权案件线索时，应当及时书面通报有管辖权的部门。

市主管部门以及其他管理部门应当根据知识产权保护工作的需要，开展知识产权保护专项行动，加大宽带移动互联网、云计算、物联网、大数据、高性能计算、移动智能终端等新领域新业态知识产权保护力度。对公证机构处置知识产权证据保全公证申请进行规制。

就行政执法而言，该条例规定了市主管部门以及其他管理部门查处知识产权案件时调查取证的权力；技术调查官的配备及其职责；行业协会、知识产权服务机构协助调查取证的义务；违法经营额及罚款数额的计算；对侵权人加重处罚的条件；行为保全的条件。

在服务方面，市主管部门应建立知识产权保护综合信息库，实现行政机关、司法机关、行业协会、知识产权服务机构之间信息共享，为知识产权保护提供政策指导、技术咨询、信息情报等公共服务。市主管部门应当建立知识产权纠纷网上处理机制。市主管部门以及其他管理部门应当建立健全知识产权预警和引导机制。市主管部门应当鼓励和支持知识产权服务业发展。市主管部门应当组织开展公益性知识产权专业培训，加强知识产权人才培养。市主管部门以及其他管理部门应当加强知识产权法律、法规的宣传教育，普及知识产权相关知识，增强全社会知识产权保护意识。市主管部门会同司法行政部门提供知识产权保护相关法律咨询、代理、法律援助、公证、司法鉴定、法律专业培训等公共法律服务。市主管部门会同有关部门加强对高等院校、科研机构、行业协会、知识产权服务机构以及高新技术企业等相关单位的知识产权管理指引，引导其建立和完善内部保护机制。支持人民调解组织以及商事调解、行业调解组织开展知识产权纠纷调解，鼓励行业协会、知识产权服务机构等建立知识产权纠纷解决机制。市人民政府建立境外知识产权保护协助机制，支持建立知识产权境外维权联盟。支持行业协会、知识产权服务机构等建立知识产权保护服务平台，提供对外投资、参加展会、招商引资、产品或者技术进出口业务的知识产权状况检索、查询等服务。支持行业协会、知识产权服务机构等开展知识产权托管业务。

在管理方面，市主管部门应当建立健全知识产权信用评价、诚信公示和失信惩戒机制。市人民政府设立知识产权保护中心。

5. 知识产权领域失信联合惩戒制度的建立健全

为做好广州市知识产权严保护、大保护、快保护、同保护工作，建立健全失信联合惩戒制度，由广州市市场监管局和市发展改革委牵头推动，广州市 39 个部门共同签署了《关于对知识产权领域严重失信主体及其有关人员开展联合惩戒的合作备忘录》。该备忘录确立了对知识产权领域严重失信主体的32项惩戒措施。凡在广州市因知识产权严重违法行为而受到行政处罚或司法判决定罪的法人、非法人组织及其法定代表人、主要负责人、直接责任人员和实际控制人，其不良信用信息将会在"信用中国（信用广州）"公开，并且，相关组织及个人将在金融、房产买卖、社会保障、旅游、交通、个人任免等26个方面受到资格限制。

（二）机制建设

广东省于2019年设立或者形成了众多亮眼的知识产权行政保护机制。在综合机制方面，第一，广东建立省知识产权战略实施工作联席会议制度，进一步统筹加强广东知识产权创造、保护、运用、管理和服务工作。第二，国家版权创新发展基地于2019年10月在深圳市前海深港现代服务业合作区设立。这是国家版权局在我国设立的第一家版权创新发展基地。依计划，该基地将被建设成为集文化艺术品展示交易、知名文化IP运营、深港跨境版权交易、知识产权保护、文创产业孵化、文创产业研究六大功能为核心的著作权产业发展示范区。第三，广东省知识产权保护中心（加挂中国（广东）知识产权保护中心、广州商标审查协作中心牌子）于2019年4月30日通过国家知识产权局验收后正式运行。中国（广东）知识产权保护中心是国家知识产权局批复建设的第一个省级保护中心。中国（广东）知识产权保护中心承担广东省战略性新兴产业开展快速协同保护的职能，首期主要面向新一代信息技术和生物产业开展知识产权快速协同保护工作，其业务范围包括：一是为备案主体提供专利申请快速预审、专利复审及无效请求快速预审、专利权评价报告快速处理预审服务；二是提供包括维权援助与咨询、纠纷调解、举报投诉、展会维权、电商维权、海外维权及协作保护等快速维权服务。第四，截至2019年年底，广东省已初步形成"1+3+7"知识产权保护大格局，即1个省知识产权保护中心，3个国家级知识产权保护中心，7个国家级快速维权援助中心。第五，琶洲会展与数字经济知识产权保护中心于2019年10月正式成立。该保护中心围绕琶洲地区会展和数字经济知识产权服务需求，全面开展知识产权纠纷调处、知识产权信息共享及知识产权政策咨询等维权服务工作。第六，集知识产权司法保护、维权援助、中介服务、信息检索和协同保护五大功能于一体的江门高新区知识产权运营公共服务中心暨广州知识产权法院江门诉讼服务处于2019年12月30日揭牌并投入运营。

在行政执法方面，第一，广州海关联合广州市南沙区人民法院（广东自由贸易试验区南沙片区人民法院）设立的全国首个法院驻口岸知识产权纠纷调处中心成立。第二，广州海关与广州知识产权法院签订知识产权保护合作备忘录，黄埔海关先后与国家知识产权局专利局专利审查协作广东中心、广州市知识产权局在知识产权保护方面达成共识并签署合作协议。第三，建立起35个知识产权纠纷（含专利、商标、著作权）人民调解委员会。第四，2019年11月，黄埔区司法局以广东知识产权纠纷人民调解委员会为基础，联合湾区内的仲裁、专业调解服务机构和法律服务合作机构，成立了全省首个粤港澳大湾区知识产权矛盾纠纷调解中心。该中心旨在为粤港澳大湾区内市场主体提供快速、高效、便民的知识产权纠纷调解服务。第五，省知识产权局牵头联合省公安厅、海关总署广东分署与港澳海关合作，强化粤港、粤澳跨境情报交流机制，探索开展重点口岸、重点领域联合执法、知识产权执法工作交流等一系列合作。第六，依据《广东省举报侵犯知识产权和制售假冒伪劣商品违法行为奖励办法》，全国首个"一站式""一门式"集中统一受理处置侵犯知识产权违法行为举报的广东省举报处置智慧监管平台得以建立，开通"96315举报专线"。第七，深圳海关形成"主动保护，协同打击，专业标准"的专利权海关保护"深圳模式"。"深圳模式"的主要做法：一是培育企业浓厚的维权意识。深圳海关加大对企业宣传培训力度，培育关区企业对专利权保护的氛围和意识，华为、中兴、朗科、迈瑞等企业内部都设了专门的知识产权保护部门，充分运用商业、行政、司法等各种手段维护自身的合法权益，并对海关执法予以积极配合。二是树立积极作为的执法理念。一方面，在现有制度框架下，努力寻找可操作的专利权保护执法依据，秉持衡平中立的价值取向开展执法探索；另一方面，向权利人、司法机关、专业律师等学习专利权相关技术、法律知识，不断提升专业知识水平。三是对重点企业知识产权状况进行"个性化会诊"。制定知识产权保护综合策略，培塑企业完成从应对式保护向防御式保护转变。建立内外联动的打击机制，对内加强协同，统一侵权信息收集端口，完善侵权风险联合研判机制，统筹开展情报分析，统一下达布控指令，统一监控查验情况及业务运行流程；对外加强联动，深化与地方行政以及公、检、法机构在知识产权立法、执法、保护、诉讼等方面的交流、沟通、互动。完善专业标准的办案模式，即"调查前置、定向确权、和解与处罚及司法途径解决并行"的专利依职权保护办案模式，提出统一规范的专利权依申请保护受理标准，做到专利权保护职责清晰、流程科学、标准明确。

在行政管理与服务方面，2019年11月，粤港澳三地知识产权部门联合举办首届粤港澳大湾区知识产权交易博览会。

（三）2019年广东涉外知识产权行政保护数据统计

在行政管理与服务方面，2019年，全省著作权登记总量达30万件。其中，作品登记49337件，计算机软件著作权登记超过25万件，计算机软件著作权登记量继续居全国第一位。省版权局新认定"广东省版权兴业示范基地"5家，截至2019年底，全省累计认定115家。2019年，全省马德里商标国际注册申请量1413件，同比增长22.76%，居全国首位。广东省通过《专利合作条约》（PCT）渠道国际专利申请量24725件，占全国总量的43.53%，连续18年保持全国第一。广东省3家企业入围年度全球PCT申请人前十名。其中，华为技术有限公司以4411件PCT专利申请，连续第三年位居全球第一名；广东欧珀移动通信有限公司、平安科技（深圳）有限公司分别位居第五名、第八名；深圳大学、华南理工大学分别位居全球高校PCT专利申请人第三名、第五名。2019年，全省共认定登记技术合同33796项，同比增长41.23%；成交额2272.78亿元，同比增长63.86%；技术交易额1960.76亿元，同比增长46.39%。其中，涉及知识产权的技术合同成交额946.65亿元，同比增长27.08%，占全省成交总额的41.65%。2019年，广东省知识产权局批复肇庆、韶关、梅州、汕尾等市共成立13个地理标志产品保护申报办公室，审核并推荐高要藿香、平远绿茶等9个地理标志产品申请材料，审查、推荐广东120家企业使用23个地理标志产品专用标志。广东省报送纳入中欧地理标志合作谈判的两批共9个产品的质量技术规范，开展"中泰3+3"地理标志产品互认互保试点，组织开展全省地理标志资源普查，被国家知识产权局确定为首批国家地理标志产品专用标志使用核准改革试点。截至2019年底，全省累计注册地理标志商标79件，获批地理标志保护产品153个，获准使用地理标志产品专用标志企业446家。截至2019年底，国家知识产权优势示范企业新增616家，总量达870家，居全国第一；全省通过《企业知识产权管理规范》国家标准认证企业达13380家，居全国第一。专利权质押金额166亿元，居全国前列。广东省市场监督管理局深入实施标准化战略，促进知识产权与标准融合，加快推进创新成果和专利转化为标准。2019年，全省企事业单位主导或参与制修订国际标准370项。

截至2019年底，向中国（广东）知识产权保护中心申请开展专利快速预审备案企事业单位达1740家。共有174家企事业单位累计提交709件专利预审案件，201件预审合格进入国家快速审查通道，134件已获得授权。经中心预审合格后的专利申请在国家局审查阶段平均授权率为94.4%。该中心完成首批快速预审服务企事业单位备案1614家，包括华为、格力、腾讯、TCL等新一代信息技术领域和深圳迈瑞、广药集团、健康元药业等生物产业技术领域的专利大户，以及中国科学院南海海洋研究所、华南理工大学等优秀的高校科研院所。

在"1+3+7"知识产权保护大格局下，广东省知识产权保护中心与中国（佛山）、中国（深圳）知识产权保护中心以及7个国家级快速维权援助中心签署了合作协议，共同建立广东省知识产权快速维权协作机制，为全省企业提供一站式快速维权、确权服务平台。2019年，全省各国家级知识产权保护中心、快速维权中心共办理加快预先审查的专利申请5874件、办理维权案件5085件。

2019年9月，广州成功发行全国首个纯专利权证券化产品。以民营中小科技企业专利权许可费作为基础资产的"兴业圆融——广州开发区专利许可资产支持计划"在深圳证券交易所成功发行。基础资产为11家企业拥有的103件发明专利和37件实用新型专利的预期专利许可费，11家企业分别一次性获得了300万~4500万元的专利许可使用费实现融资。

2019年11月12~14日，粤港澳大湾区知识产权交易博览会在广州成功举行，共有来自12个国家或地区的303家企业和机构参展，全球范围内逾百位嘉宾到会研讨，首次实现专利、商标、著作权、地理标志等知识产权类别全覆盖，累计入展参观人次达到2.26万；促成知识产权合作意向金额101.47亿元，实现专利和商标交易金额共计14.86亿元；启用在线交易系统打造"永不落幕的知识产权交易博览会"。在为期3天的展会期间，通过交易博览、专场拍卖等方式，促成知识产权合作意向金额101.47亿元，比2018年增长12.74%。实现专利和商标交易金额共计14.86亿元，比2018年增长42.61%。按知识产权类型分，涉及专利交易额9.33亿元，涉及商标交易额5.53亿元。此届知识产权交易博览会首次实现著作权和地理标志产品交易。其中，著作权促成意向交易额1.65亿元，达成交易金额2.36亿元，涉及著作权2.46万件；地理标志产品参展机构26家，促成意向交易额1.97亿元，达成交易金额9.01亿元，涉及地理标志产品73个；实现专利保险投保专利1200件。在12日上午举行的知识产权拍卖会上，知识产权拍卖成交金额达2730万元。其中，专利拍卖成交8项，金额2530万元；商标成交2项，金额200万元。与前两届相比，此届知交会在展区规模实现新的突破，共有来自12个国家及港澳地区的303家企业和机构参展，比2018年增长26.4%，并首次实现了专利、商标、著作权、地理标志等知识产权类别全覆盖。展示知识产权项目和产品涉及专利43.01万件。其中，发明专利22.89万件，实用新型专利18.86万件，外观设计专利1.26万件，涉及商标91.25万件，首次展示著作权37.08万件和地理标志产品种类365个。

2019年，粤港澳三地知识产权部门合作推进粤港保护知识产权合作专责小组、粤澳知识产权工作小组工作事宜，全年累计完成粤港澳合作项目39项。2019年5月，广东省知识产权局与澳门经济局在澳门签署《粤澳知识产权合作协议（2019—2020年）》，确定将在加强大湾区知识产权合作、强化知识产权跨境保护、促进资源共享等方面开展新一批合作项目21项。2019年6月，首届粤港澳大湾区高价值专利培育布局大赛在珠海成功举办。该大赛由国家知识产权局指导，广东省市场监督管理局（知识产权局）、香港知识产权署、澳门经济局、珠海市政府共同主办，共征集内地和港澳参赛项目586个。经过宣讲发动、海选、初赛、复赛、决赛等多个环节，决出大赛百强、五十强，以及金奖、银奖、优秀奖等28项决赛奖项。2019年11月，广东省知识产权局和中国知识产权报社共同举办粤港澳大湾区知识产权人才发展大会暨知识产权人才供需对接会，推动大湾区知识产权人才培养和集聚发展。

2019年，广东省知识产权局积极融入"一带一路"建设，"走出去"拓展知识产权对外合作，加强与世界知识产权组织、日本特许厅、韩国知识产权局、新加坡知识产权局等国际组织和政府部门知识产权合作；"引进来"深化知识产权对外开放，开展国际知识产权制度巡回研讨等涉外交流活动。广东省知识产权局先后与世界知识产权组织、新加坡知识产权局、日本贸易振兴机构等合作举办、承办一系列重要国际会议和研讨活动。2019年7月25~26日，广东省知识产权局与新加坡知识产权局深化新粤知识产权合作，共同举办新粤知识产权政策研讨会；2019年11月5~6日，由世界知识产权组织和国家知识产权局合作举办的"'一带一路'国家知识产权意识提升国际研讨会"在珠海成功举行，来自俄罗斯、波兰、匈牙利、塞尔维亚、新加坡、柬埔寨等40多个"一带一路"国家的知识产权部门负责人参加研讨，进一步促进了广东与"一带一路"国家知识产权的密切交往；12月23～24日，日本知识产权实务（广东）研讨会及日本贸易振兴机构访问活动在佛山举行。2019年，广东省知识产权局进一步密切与韩国驻广州总领事馆、新加坡驻广州总领事馆、日本贸易振兴机构、韩国知识产权局、新加坡知识产权局和新加坡企业发展局等机构知识产权合作，加强与来自美国、日本、韩国、新加坡等国家或地区的社会组织和企业知识产权交流。全年累计举行知识产权涉外交流活动25场次，外方出席人员120余人次。

在行政执法方面，2019年，全省知识产权部门加强专利行政保护，深入开展知识产权执法保护等专项行动，有效保护专利权人的合法权益。在国家知识产权局组织的2018年度专利行政保护工作绩效考核工作中，广东省位列全国第一，广州市位列副省级城市第一。全年共受理各类专利案件6822件。其中，侵权纠纷6434件，其他纠纷7件，假冒专利381件。

2019年，全省市场监督管理部门持续深入开展打击商标侵权假冒工作，对商标侵权商品生产、销售、注册商标标识制造等环节开展全链条打击。全年共查处各类商标违法案件3524件，案值5981.55万元，罚没金额5850.24万元；共向司法机关移送63件案件，包括涉嫌假冒"路易威登"品牌皮包案等一批涉案货值高、影响范围大的假冒知名商标品牌案件。2019年，全省市场监督管理部门持续推进反不正当竞争执法，共查处不正当竞争行为案件1006件，罚没2475.59万元。其中，查处混淆行为案件335件，罚没金额1118.68万元。

2019年，广东省版权局开展电影版权保护专项行动，督促指导各地市打击侵犯电影版权违法犯罪行为，查处了3起电影作品侵权盗版重大案件；开展打击网络侵权盗版"剑网2019"专项行动。行动期间，全省共查处网络侵权盗版案件62件，移送司法机关15件，调解结案3件，关闭网站61家，删除侵权盗版链接688条，收缴侵权盗版制品494万件。

2019年，全省已建立35个知识产权纠纷（含专利、商标、著作权）人民调解委员会，调解员304名，受理知识产权纠纷案件3072件，成功调解1519件，成功率49.44%。全省市场监督管理部门畅通"12345热线""12315热线"等投诉举报渠道，全年共受理知识产权类投诉3739件。

根据海关总署的部署，广东海关组织开展"龙腾行动2019"知识产权保护专项行动。2019年，广东海关实际扣留进出口侵权货物2400万件，各占全国海关的50%。侵权货物种类主要是箱包、鞋类、服装以及电子设备；侵犯权利类别主要是商标权和专利权。广东省内海关成功阻止了侵权货物在中国及104个国家或地区间流通，保护了359家（个）权利人的知识产权。深圳海关成功查办侵犯U盘发明专利系列案、侵犯"空心对管轴键盘"专利权案、侵犯铰链底座结构专利权案、侵犯空气炸锅专利权案，查扣涉嫌侵犯专利权货物72批次、5.89万件，案值170.1万元，查扣侵犯专利权批次占全国海关的66.7%；关区自主知识产权企业共新增备案专利权289项。深圳海关在全国首创将知识产权保护情况调查融入2019年信息通信产业技术性贸易措施影响调查中，查获多宗侵犯华为、朗科知识产权的大要案。

根据国家市场监督管理总局和国家知识产权局的部署，组织开展2019年知识产权执法"铁拳行动"等一系列专项行动。在2019年度全国打击侵犯知识产权和制售假冒伪劣商品违法犯罪行为绩效考核工作中，广东省位居全国第三名。全省知识产权部门加强和完善专利代理事中事后监管，持续开展专利代理行业"蓝天"专项整治行动，打击"代理非正常专利申请""无资质专利代理"等行为，建立专利代理机构及专利代理师信用承诺机制。在"蓝天"专项整治行动中，广州市先后组织全市180余家专利代理机构、1100余名专利代理师自查自纠、签署专利代理承诺书，排查涉嫌违法违规线索840余条，约谈代理机构15家，立案查处12家。

2019年，粤港澳三方海关组织了3次保护知识产权联合执法行动，共查获15.3万件涉嫌冒牌货物。广东海关全年向港澳海关通报省内海关查处侵权案件情况24次，通报省内海关查扣的以港澳为贸易目的地的涉嫌侵权案件情况逾500件。

2019年，广东持续深化展会知识产权保护工作。2019年3月，国家知识产权局将广东"建立大型展会快速维权工作机制"有关做法列入第一批知识产权强省建设试点经验与典型案例，向全国推广。广东省知识产权局组织进驻第16届中国国际中小企业博览会，第125届、第126届中国进出口商品交易会（即广交会）等大型展会开展知识产权保护工作，助推以广交会为龙头的广东展会经济发展。在两届广交会期间，共处理专利类知识产权纠纷1150件、商标类纠纷234件，并向有关省市移送参展企业涉嫌商标、专利侵权线索，加强源头治理，形成监管合力，提升全链条保护展会知识产权的能力。2019年10月25日，广东省知识产权局、中国对外贸易中心签署《关于广交会知识产权保护工作战略合作框架协议》，在更高层次上推动展会知识产权全链条、全方位保护。广东省版权局组织进驻第125届、第126届广交会，第15届中国（深圳）国际文化产业博览交易会，第11届中国国际影视动漫版权保护和贸易博览会，南国书香节以及省内有特色的地方展会开展驻场版权服务工作。

（四）2019年广东涉外知识产权行政执法的典型案例

1. 2019年中国海关知识产权保护十大典型案例中的四个案件

（1）江门海关查获企图出口至"一带一路"沿线国家侵权货物案。

江门海关持续加强对通过中欧班列输往"一带一路"沿线国家货物知识产权状况的关注度。通过风险分析布控，查获以一般贸易方式向海关申报出口至土耳其、涉嫌侵犯在海关总署备案

"JIALING"商标专用权的跨骑式摩托车387辆，案值153.2万元。

（2）汕头海关保护外商投资企业合法权益查获侵权货物案。

汕头海关与深圳海关加强跨关区执法合作，在收到深圳海关通报的侵权违法线索后，立即启动快速反应机制，通过即决式布控，查获侵犯"Colgate"商标专用权的牙膏232128支。

（3）深圳、拱北海关加强粤港澳海关跨境合作查获侵权货物系列案。

深圳、拱北海关把加强与港澳海关合作、联合打击粤港澳三地跨境侵权行为作为关区知识产权保护工作重点，不断当好供港澳物流生命线的守护者。2019年，根据广东分署的统一部署，共开展3次粤港澳海关知识产权保护联合行动，全年累计查获往来香港、澳门的侵权货物436批，涉及侵权货物55.8万件，案值1436万元。2019年1月1日，深圳海关查获输往香港的涉嫌侵犯"荣耀"商标专用权手机3040台，案值343万元；2019年1月7日，拱北海关查获输往香港最终目的地为牙买加的涉嫌侵犯"COBRA"商标专用权节能灯11万只，案值29.9万元。

（4）黄埔海关与国内执法机关合作查获侵权货物案。

2019年8月，黄埔海关通过对侵权举报线索的风险查证，判断一批已进入海关监管区域的香皂存在较大的侵权嫌疑。在对该批货物所在的货柜进行严密监控一段时间后发现，上述货物长期滞库，无人向海关申报，黄埔海关向广州市市场监督管理局进行了线索通报。广州市市场监督管理局接海关线索后，指派广州市开发区知识产权局协同海关办理案件。经现场联合执法，一举查获侵犯"Dettol"商标专用权的香皂1.44万块。

2. 入选2019年度广东省著作权十大案件的典型案例

（1）（广州市）广州玖和模具有限公司侵犯设计软件作品著作权案。

广州玖和模具有限公司涉嫌侵犯AutoForm设计软件计算机软件

著作权。广州市花都区文化广电旅游体育局对其作出 29 万余元的行政处罚。

（2）（珠海市）珠海市斗门区白蕉镇向荣玩具加工场侵犯美术作品著作权案。

珠海市斗门区白蕉镇向荣玩具加工厂未经权利人授权，私自开发 2 套模具生产加工"宇宙英雄奥特曼"系列产品并进行销售，非法经营额近 5 万元。珠海市文化广电旅游体育局对该玩具厂作出罚款 20 万元人民币的行政处罚。

（3）（东莞市）东莞市中堂汇发五金塑胶制品厂侵犯美术作品著作权案。

东莞市中堂汇发五金塑胶制品厂未经权利人授权，在其生产的拉杆箱上非法复制他人"小黄人"图案美术作品。东莞市文化广电旅游体育局对其作出 5 万元人民币的行政处罚。

（4）（深圳海关）福清市年年顺进出口贸易有限公司侵犯美术作品著作权案。

深圳海关查获福清市年年顺进出口贸易有限公司的 Supreme 标识帽子、双肩包等日用品及"2018 俄罗斯 FIFA 世界杯"官方会徽足球涉嫌侵犯他人著作权。深圳海关对其作出 78900 元人民币的行政处罚。

3. 深圳蛇口海关对广州市龙恩网络科技有限公司侵犯知识产权行政处罚案

2018 年 12 月 20 日，广州市龙恩网络科技有限公司委托广州海顺报关有限公司以市场采购方式向深圳蛇口海关申报出口一批节能灯到科威特，报关单号 513120180318637347。2018 年 12 月 23 日，经海关查验，发现实际出口货物是标有"Marlboro"标识的香烟 11029200 支，案值 882336 元人民币。2019 年 1 月 4 日，经权利人菲利普莫里斯品牌有限责任公司确权，涉嫌侵犯权利人在海关备案的知识产权。权利人提出扣留申请并提交担保。

深圳蛇口海关经调查认为，当事人未经上述知识产权权利人许可，在上述货物上擅自使用他人注册商标，根据《商标法》第五十七条第（一）项之规定，侵犯权利人在海关总署备案的"Marlboro"标识（备案号T2017-54155）注册商标专用权。当事人出口上述货物的行为已构成出口侵犯商标权的行为。以上有出口货物报关单及报关随附单证、海关查验记录、海关扣留决定书、扣留清单、现场笔录、知识产权权利人采取知识产权保护措施申请、当事人查问笔录和出口货物等为证。

依据《海关法》第九十一条、《海关行政处罚实施条例》第二十五条第一款，深圳蛇口海关决定对当事人作出没收上述侵权货物并处罚款176467.2元人民币的行政处罚。

二、完善广东涉外知识产权行政保护的建议

（一）网络环境下知识产权间接侵权行政执法的建议

当下，"互联网+"经济方兴未艾，成为经济发展的重要泉源及强劲助推剂。"互联网+"经济的形态已不限于最初的电商经济；平台直播尤其是"直播带货"发展势头迅猛。这些新的商业模式在大力提振经济绩效的同时，也引发了诸多知识产权纠纷，给知识产权的保护带来了严峻的挑战。互联网环境下侵害知识产权行为易发，而且会对知识产权人的合法利益造成重大损害，使知识产权激励创新（或者投资创新）、维护商誉的机能受损。鉴于追究互联网环境下直接侵权责任的局限性，追究网络服务提供者或电子商务平台经营者的间接侵权责任尤其是帮助侵权责任便成为制度上的替代选择。

对于涉及网络服务提供者或电子商务平台经营者帮助侵权责任的案件，首先广东省相关知识产权行政执法部门应当确立平衡知识产权保护与互联网经济促进这两个竞合目标的办案理念。保护知识产权与促进互联网产业健康发展两个目标不可偏废。在认定网络服务提供者或电子商务平台的帮助侵权责任时，如果一味强调对知识产权人的救济，固然可以强化知识产权的保护，但也可能加大网络服务或平台经营者的经营成本，增大投资网络服务行业的机会成本，进而削弱潜在投资者进入这些行业的激励；如果一味强调对互联网产业的保护，则将危及创新的动力。

其次，广东省相关知识产权行政执法部门应准确把握网络服务提供者或电子商务平台经营者知识产权帮助侵权责任的构成要件。根据《侵权责任法》第九条第一款、《最高人民法院关于审理侵害信息网络传播权民事纠纷案件适用法律若干问题的规定》（以下简称《信息网络传播权规定》）第七条第一款和第三款、《电子商务法》第四十五条的规定，网络服务提供者或电子商务平台经营者知识产权帮助侵权责任的构成要件有三项：用户或者平台内经营者实施直接侵权行为；网络服务提供者或者电子商务平台经营者为他人直接侵权行为的实施提供帮助；网络服务提供者或者电子商务平台经营者明知或者（并不明知但）应知他人实施直接侵权。其中的第二项要件，"为直接侵权行为的实施提供帮助"的内涵在不同的语境下是有差异的：依据《电子商务法》第四十五条的规定，电子商务平台经营者提供的帮助仅指消极的不作为，即"未采取删除、屏蔽、断开链接、终止交易和服务等必要措施"；而依据《信息网络传播权规定》第七条第三款的规定，网络服务提供者提供的帮助既包括消极不作为，即"未采取删除、屏蔽、断开链接等必要措施"，也包括积极的作为，即"提供技术支持"。

最后，广东省相关知识产权行政执法部门应明确网络服务提供者或者电子商务平台经营者（不明知但）应知他人实施直接侵权要件的判定标准。上述平衡理念正是通过这一要件得以落实的。因此，这一要件的判断是实践中办理这一类案件的难点所在。广东省相关知识产权行政执法部门应当注意，网络服务提供者或者电子商务平台经营者只有在"应知"的情况下"不知"用户或者平台内经营者实施直接侵权，才应当受到法律的否定评价。"应知"意味着网络服务提供者或者电子商务平台经营者负有事实查明义务。被控侵权的网络服务提供者或者电子商务平台经营者是否负有查明用户或者平台内经营者实施直接侵权的义务，需要结合个案的具体情况，通过权衡予以确定。因此，认定网络服务提供者或者电子商务平台经营者是否应知的关键，就在于明确权衡时需要考虑的因素。建议广东省相关知识产权行政执法部门在权衡时，应考虑两个因素：一是被控侵权的网络服务提供者或者电子商务平台经营者查明用户或者平台内经营者实施直接侵权这一事实的能力、成本；二是被控侵权的网络服务提供者或者电子商务平台经营者查明前述事实进而采取措施所能避免的侵权损失的大小。被控侵权的网络服务提供者或者电子商务平台经营者的事实查明成本越低、所能避免的侵权损失越大，则其成立"应知"的可能性越高；反之则反。事实查明成本因素本身又受制于其他因素，比如网络服务提供者或者电子商务平台经营者提供服务的性质等。建议广东省相关知识产权行政执法部门在案件办理的基础上，对相关因素进行类型化。这样不仅能提升执法效率与水平，也能为公众提供行动预期。

（二）涉外贴牌加工行政执法的建议

建议广东省市场监督管理局与海关应当通过《商标法》第五十七条第（一）、（二）或者（四）项规定的商标直接侵权行为的帮助侵权责任对涉外贴牌加工进行规制。通过帮助侵权责任规制涉外贴牌加工不仅合乎法律的规定，也可借帮助侵权责任认定的相对灵活性更好地对社会秩序稳定与产业转型升级的需求进行平衡。

首先，涉外贴牌加工并不成立《商标法》第五十七条第（一）、（二）项规定的商标侵权行为，而是成立这两类商标直接侵权的帮助侵权。构成《商标法》第五十七条第（一）项规定的商标侵权行为，需要具备：①行为人在相同商品上使用与注册商标相同的标志；②行为人在商品上使用前述标志的行为构成商标性使用；③容易导致相关公众混淆；④未经商标注册人的许可。构成《商标法》第五十七条第（二）项规定的商标侵权行为，需要具备：①行为人在相同商品上使用了与注册商标近似的标志，或者在类似商品上使用了与注册商标相同或近似的标志；②行为人在商品上使用前述标志的行为构成商标性使用；③容易导致相关公众混淆；④未经商标注册人的许可。如最高人民法院在"HONDA"案❶再审判决书中所指出的，涉外贴牌加工满足《商标法》第五十七条第（一）、（二）项规定的商标侵权行为所要求的"容易导致相关公众混淆"要件。发生混淆的前提是相关公众有可能接触贴牌商品。如最高人民法院所言，与商标所标识的某类商品或者服务的营销有密切关系的其他经营者明显有接触的可能，与商标所标识的某类商品或者服务有关的消费者在贴牌商品回流国内或者国内消费者出国旅游与消费的情况下也有接触的可能。涉外贴牌加工不成立《商标法》第五十七条第（一）、（二）项规定的商标侵权行为的原因在于其不满足商标性使用要件。商标使用行为固然可能包括许多环节，贴牌也确实属于使用商标的一个环节，但使用所贴商标的主体并不是国内加工人，而是境外委托人。国内加工人并未意图用所贴商标来识别其提供的商品或者服务。

《商标法》第五十七条第（一）、（二）项规定的商标直接侵权的帮助侵权责任成立，需要具备：①境外委托人实施了受第五十七条第（一）、（二）项规制的直接侵权行为；②国内加工人知道或者（不知但）应当知道；③国内加工人仍然实施了帮助行为。境外委托人满足《商标法》第五十七条第（一）、（二）项规定的商标侵权行为的各项构成要件。特别是境外委托人构成商标使用行为，意图用所贴商标识别其提供的商品。国内加工人对境外委托人直接侵权的帮助是在承揽商品上贴附境外委托人提供的商标。国内加工人是否"应当知道"，是认定其是否承担帮助侵权责任的关键。国内加工人应当知道的"事实"，并非"东风"案❷的二审法院所认为的"境外委托人在境外是否享有注册商标专用权或者取得合法授权许可"，而是境外委托人是否实施《商标法》第五十七条第（一）、（二）项规定的商标侵权行为。国内加工人是否"应当知道"同样取决于权衡

---

❶ 参见最高人民法院（2019）最高法民再138号民事判决书。
❷ 参见江苏省高级人民法院（2015）苏民知终字第00036号民事判决书。

考量因素也是两个：一是国内加工人查明境外委托人是否实施《商标法》第五十七条第（一）、（二）项规定的商标侵权行为这一事实的能力、成本；二是国内加工人查明前述事实进而采取措施所能避免的侵权损失的大小。"东风"案中，二审法院以"境外委托人是否违反诚信原则涉嫌抢注在我国具有一定影响的商标特别是驰名商标"作为国内加工人是否"应当知道"的考量因素有违地域性原则，因此并不足取。

其次，即使实施了未经商标注册人许可而仿照他人注册商标的图样及物质实体制造出与该注册商标标识相同的商标标识行为，国内加工人亦不构成《商标法》第五十七条第（四）项规定的伪造他人注册商标标识的直接侵权，仅可能承担伪造他人注册商标标识的帮助侵权责任。因为伪造行为的实施者应为境外委托人，而非国内加工人。国内加工人是否承担该项的帮助侵权责任，仍取决于国内加工人是否"应当知道"。"应当知道"与否的认定同上文分析。

第三章 2019 年广东海外专利布局报告

一、引言

（一）报告背景

随着知识经济时代的来临，知识产权成为衡量一个地区实力的重要指标之一，其中又以专利系列指标最能突显地区的实力。专利的数量和类型直接反映地区的创新实力，专利的布局和战略则反映一个地区未来发展的趋势和领导集体的前瞻性。

该报告是《广东省涉外知识产权年度报告》的一部分，鉴于专利文献作为技术信息最有效的载体，它囊括了全球 90% 以上的最新技术情报，相比一般技术刊物所提供的信息早 5～6 年，且 70%～80% 的发明创造只通过专利文献公开，并不见诸于其他科技文献，相对于其他文献形式，专利具有新颖、实用的特征，对专利文献进行分析具有独特、重要的意义。该报告致力于展现广东省涉外知识产权的情况，选择对广东省海外专利布局情况进行分析，以期能够清晰直观地反映广东省海外知识产权发展态势。

该报告通过对广东省近 20 年来的海外专利进行统计和分析，总体呈现广东省近 20 年来的海外专利布局情况，构成《广东省涉外知识产权年度报告》的重要组成部分。此次广东省海外专利布局报告数据的采集和统计以广东省近 20 年的海外专利作为研究样本，检索这些海外专利数据并经过数据标引和清洗，构建一个数据样本集合。

2018 年 10 月 8 日，为落实《"十三五"国家知识产权保护和运用规划》中关于"加强专利活动与经济效益之间的关联评价"的要求，促进专利与产业发展相结合的创新驱动发展评价工作顺利开展，实现专利与产业的对接，国家知识产权局编制了《国际专利分类与国民经济行业分类参照关系表（2018）》。根据该国民经济行业分类，此次广东省海外专利布局报告将上述数据样本进行排序，得到专利申请量排名前三的国民经济行业分类：①电信、广播电视和卫星传输服务业；②计算机、通信和其他电子设备制造业；③电气机械和器材制造业。

此次广东省海外专利布局报告将分析广东省整体以及上述三个重点行业的海外专利布局情况，主要从技术、法律和市场三个角度结合宏观和微观的视角进行分析，具体分析对象包括申请总量与授权总量分析、申请类型分析、法律状态分析、专利地域分布分析、专利技术构成分析、专利代理机构委托分析、专利简单同族分析、专利权利要求数量分析和广东省与全国专利申请量排名靠前的省（区、市）的对比分析。

通过分析广东省整体以及重点行业的海外专利布局情况，该报告从专利视角精准地把握广东省的海外专利分布、市场状况等情况，通过广东省与全国专利申请量排名靠前的省份或直辖市的对比分析，明确广东省在国内和海外专利布局的优势、劣势以及他省（区、市）可借鉴之处，对于整体把握广东省海外专利，预计未来趋势，帮助制定相应的专利培育政策、补助政策，以及帮助制定其他相关的知识产权政策，引导更多的申请人运用专利、注重布局具有重要意义。申请人也能更好地运用自身的知识产权进行正确的布局和技术储备，充分运营专利，实现专利价值的最大化。

（二）数据样本介绍

1. 数据来源

该报告的数据范围是统计全国 31 个省级行政区域（不包括港、澳、台）在 2000—2019 年海外专利的申请量，选取海外专利申请量排名前十位的省（区、市）进行分析，以对比分析广东省海外总体申请概况。根据国家知识产权局发布的《国际专利分类与国民经济行业分类参照关系表（2018）》统计得到的排名前三位的重点国民经济行业的海外布局情况进行全面的检索和分析，以反映广东省海外专利所属的重点行业状况。

2. 检索工具

该报告采用 IncoPat 专利检索平台作为主要检索工具。IncoPat 数据库的数据主要来自各专利局官方和商业数据提供商，已收录 112 个国家、组织或者地区超过 1 亿件的专利数据，每周至少更新 3 次。

检索地域范围：欧洲、世界知识产权组织、美国、日本、英国、法国、俄罗斯、韩国、德国、瑞士、意大利、加拿大、奥地利、欧盟、西班牙、澳大利亚、东德、印度、巴西、阿根廷、墨西哥等 112 个国家和地区（不包括中国）。

3. 检索步骤

下面以广东省的专利检索步骤为例，说明该报告的检索步骤。

第一步，将广东省及其下辖市的中文、英文、日文、韩文表达运用布尔逻辑符"OR"连接；

第二步，使用检索命令"AP–ADD"（申请人地址）对广东省及其下辖市的中文、英文、日文、韩文表达申请的所有专利进行限定；

第三步，使用检索命令"PNC"（专利受理局）将中国（含港澳台）的专利去除；

第四步，使用检索命令"PD"（专利公开日）筛选出在 1960—2019 年公开的专利；

第五步，使用检索命令"AD"（专利申请日）筛选出在 2000—2019 年申请的专利，最终得到广东省的申请人近 20 年间在海外申请的专利数据；

第六步，广东省的海外专利数据运用 IncoPat 专利检索平台的国民经济行业分类统计功能进行统计，得到广东省申请人 2000—2019 年这 20 年间在海外申请的专利排名前三位的国民经济行业。

（三）说明

1. 专利海外申请途径解析

海外申请通常采用 PCT 途径或者巴黎公约成员国基于《巴黎公约》在目标国家直接进行申请。PCT 途径是指通过《专利合作条约》（Patent Cooperation Treaty，PCT）进行国际性专利申请，PCT 是在专利领域进行合作的国际性条约。当专利权人就同一发明创造向多个国家申请专利时，通过 PCT 途径只需向世界知识产权组织提出一次申请，申请就可在 PCT 其他成员国具有效力，但世界知识产权组织仅接受申请，最终是否授权，由其成员国决定。PCT 申请需要先进入国际阶段，再进入国家阶段，国际阶段则表现为 WO 专利，即受理局为世界知识产权组织的专利。

2. 数据滞后及误差说明

（1）数据滞后说明

由于发明专利国际普遍采用的是"早期公开，延期审查制"，即是从申请日起 18 个月内公告，申请人可以提出提前公开的请求。实用新型专利采取的是形式审查制（大部分国家并不存在实用新型制度，例如美国），通常在 6～8 个月内公开，所以专利数据的公开存在一定的滞后性。

由于通过 PCT 途径进入国家阶段的最长时间是自申请日起 30 个月或 32 个月，在这个时期内，专利会进入具体的国家。随后由具体国家根据当地的法律对专利进行审查或公开。由此，海外专利的数据在近两年（2018—2019 年）并不完整。

（2）数据缺失说明

数据库收录的地域范围或更新时间的限制会导致部分专利数据缺失或者法律状态更新不及时等情况，从而导致与实际情况有一定差距及部分专利法律状态未确定。

由于韩文或日文翻译得不准确，例如检索申请人地址为"北海"的专利，其实质是需要查找广西壮族自治区北海市的海外专利，但由于检索词含"北海"从而匹配到部分申请人地址为日本北海道的专利；由于部分中国省（区、市）的街道会出现以其他省（区、市）的名称作为街道名称的情况，比如检索词为"中山"，其实质是需要检索申请人地址为广东省中山市的海外专利，但检索结果中会出现"上海市徐汇区中山路"的专利。

综上所述，该报告在尽可能保证数据全面性的情况下，对数据的准确性进行微调。

二、2019年广东海外专利布局情况

（一）海外专利年申请趋势分析

本节对广东省在2000—2019年的海外（不包括港澳台）专利情况进行统计，并分析广东省在海外的专利布局情况。本节共检索到303090件专利（合并申请号），检索截止日期为2020年4月19日。

1. 广东省海外专利年申请趋势

对广东省在海外专利申请的年份进行统计，得到图3-1。

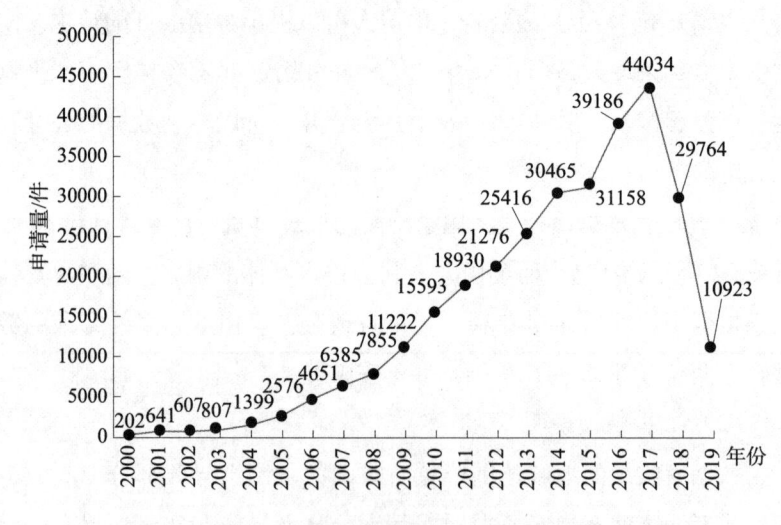

图3-1 2000—2019年广东省海外专利申请量变化趋势

由图3-1可知，广东省的海外专利申请量总体呈现上升趋势。从2000—2019年，广东省海外专利年申请趋势可以划分为萌芽期、爆发期和持续增长期三个时期。

萌芽期（2000—2008年）：在2000—2008年广东省海外专利申请数量缓慢增长，在2008年达到7855件。原因可能是，在此期间，中国于2001年加入了世界贸易组织，为应对日益增强的国际竞争压力，并进一步拓展国际市场，广东省开始增加对海外专利布局的重视。

爆发期（2009—2017年）：自2009年起，广东省企业的海外专利申请数量快速增长，2010年已突破10000件，随后持续8年保持较快增长速度，并在2017年达到最大值44034件。原因可能是，2007年广东省发布的《广东省知识产权战略纲要（2007—2020年）》中指出：①大力培育发展有较强国际竞争力的龙头企业；②在制度建设方面，建立知识产权重大涉外案件上报制度和法律援助制度。这两项政策一定程度上推动了海外专利布局：龙头企业靠着政府的扶持，着手申请海外专利；知识产权制度的建立为海外申请的持续健康发展提供保障。

持续增长期（2018—2019年）：这段时期数据缺失，据现有的申请趋势推测，2018—2019年的海外专利申请数量还将持续增长。

2. 与其他省（区、市）申请趋势对比

为进一步分析广东省海外专利布局情况，了解广东省与在全国范围内的专利较强省份之间的差异，研究广东省海外专利申请和布局在全国范围内的特点和优势，笔者利用IncoPat数据库检索出北京市、上海市、江苏省、浙江省等9个国内海外专利申请量排名前十位的省级行政单位的专利申请情况，导出数据，制成图表，具体分析如下。

(1) 广东省内各市专利申请分析

在与其他省（区、市）进行分析前，首先对广东省内21个地级市在海外的专利申请情况进行统计分析，如表3-1和图3-2所示。

表3-1 2019年广东省内21个地级市海外专利申请数量分布 单位：件

地级市	申请量	地级市	申请量
深圳	232914	潮州	150
东莞	18069	湛江	114
广州	15086	阳江	109
中山	11523	韶关	109
佛山	6369	揭阳	85
珠海	4342	茂名	73
惠州	3236	汕尾	63
江门	809	梅州	60
汕头	729	河源	53
肇庆	189	云浮	23
清远	182		

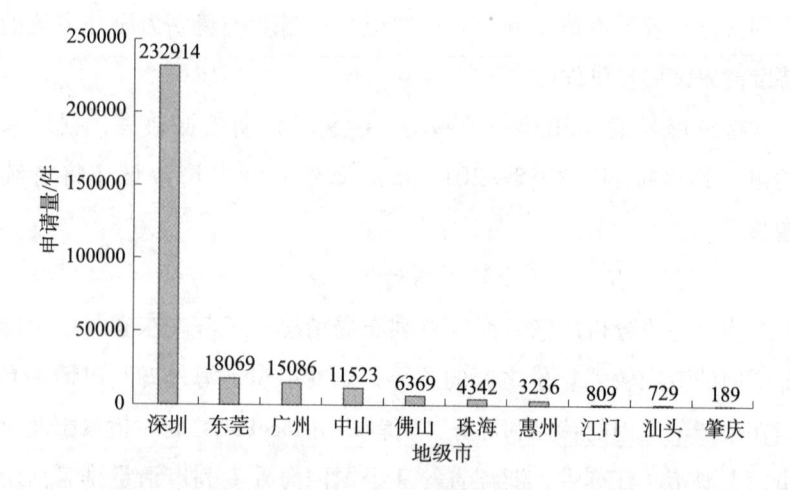

图3-2 2019年广东省海外专利数量排名前十地级市分布

可见，广东省的海外专利申请主要聚集在深圳市，申请量为232914件，占广东省总量的77%。而东莞、广州、中山虽与深圳差距较大，但申请量也突破了1万件，与其他的地级市拉开了较大差距。

（2）广东省及其他前9个（共10个）省市总申请量

对广东省及其他9个省市在海外专利申请的数量进行统计，如图3-3所示。

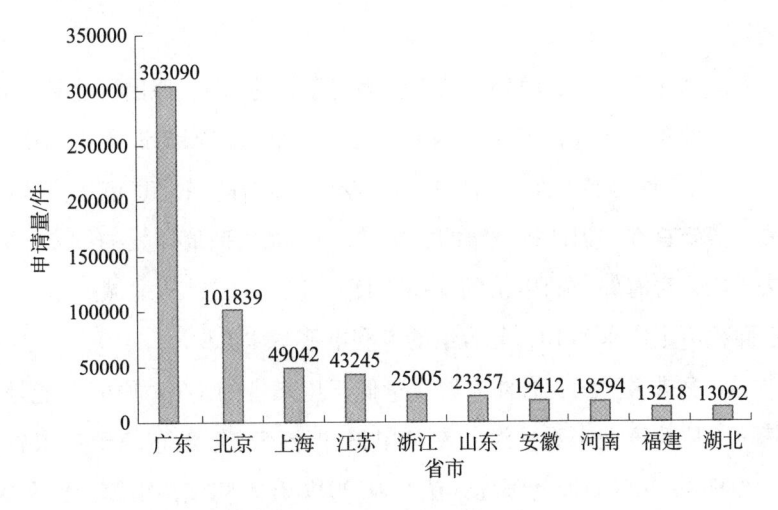

图 3-3　2019 年全国前十（含广东）省市海外专利总申请量对比

由图 3-3 可知，广东省海外申请总量最多，共有 303090 件；北京第二，共有 101839 件；上海第三，共有 49042 件。其中，在广东省海外申请中，深圳为 232914 件，深圳的海外专利申请占广东省总量的 77%，广州市的申请量也超过了排名前十的福建省、湖北省。由北京、上海、广州、深圳这四个一线城市的数据推测，海外专利申请与经济发达程度呈正相关。

广东省海外专利申请总量遥遥领先，相较于其他省份，雄踞榜首，除了本身经济较为发达，拥有广州、深圳两个一线城市外，与广东省政府长期高度重视知识产权、颁布众多政策减少海外专利申请阻碍不无关系。首先，广东省政府于 2007 年印发《广东省知识产权战略纲要（2007—2020 年）》，在纲要的引领下，广东省政府加大对知识产权的经济投入，将该项投入列入省级预算，保障知识产权工作开展的顺利进行。其次，广东省政府于 2007 年印发《广东省知识产权局、财政厅国（境）外专利申请资助办法》，其中指出：致力于在经济层面推动专利的申请工作，减少省内各个企事业单位和个人申请发明专利的费用，对获得授权的美国、日本和欧洲国家的发明专利，每项资助 3 万元，其他国家的发明专利，每项资助 2 万元。综上，省政府的大力扶持，助力了广东省海外申请量在全国的领先。

北京排名第二，海外申请总量为广东省的1/3。原因可能是：其一，从政策上来看，2008年国务院正式颁布《国家知识产权战略纲要》，在贯彻落实方面，北京只有2009年发布的《北京市人民政府关于实施首都知识产权战略的意见》，与广东省政府印发的纲要、办法相比，对海外专利申请的支持力度更小；其二，从地域上看，北京面积不足广东1/10，能容纳的专利申请主体更少。

上海排名第三，海外申请总量低于广东省的1/6。原因可能是：其一，从政策上来看，海外专利申请的经济政策颁布晚于广东省，《上海市专利资助资金管理办法》从2017开始实施，相较于广东省2007年印发的纲要、办法，起步较晚；其二，从地域上来看，上海的面积是广东省的3%左右，能容纳的专利申请主体更少，且上海市更多的是作为经济、金融中心，此类主体的专利申请相较于深圳的高科技主体会更少。

江苏省排名第四，其余省份的申请数量均在3万件以下。

（二）海外专利申请类型分析

1. 广东省海外申请专利类型分析

数据说明："译文"和"检索报告"在以PCT途径申请的专利中会出现，与后续公开的发明和实用新型有重合，"其他"指数据库中6种类型（发明申请、发明授权、检索报告、外观设计、实用新型、译文）之外的专利类型，由于各国专利法有差异，而我国专利法仅涉及发明、实用新型、外观设计，海外申请选择其他类型的申请量较少，笔者对此数据保留但不作分析。

对广东省在海外申请的专利类型进行统计，得出广东省各个专利类型所占的百分比，如图3-4所示。

由图3-4可知，在303090件海外专利中，有279525件专利属于发明专利，占海外专利总数的92.23%；实用新型数量最少，仅有3590件，占海外专利总数的1.18%；外观设计专利数量为6838件，占总数的2.26%。可见，海外申请中，发明专利占比最大，而在国内申请中，实用新型专利占比最大，这种专利类型取舍出现较大差距的原因是多方面的，可能的原因如下。

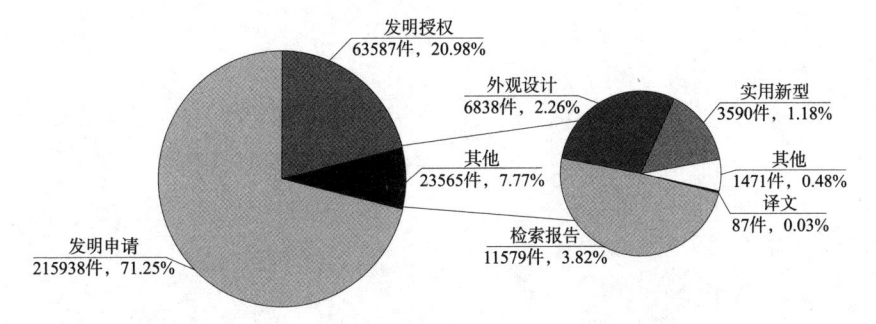

发明授权 63587件，20.98%
外观设计 6838件，2.26%
实用新型 3590件，1.18%
其他 23565件，7.77%
其他 1471件，0.48%
译文 87件，0.03%
发明申请 215938件，71.25%
检索报告 11579件，3.82%

图3-4　2019年广东省发明、实用新型、外观设计申请量分布

首先，因为对外申请海外专利的成本高昂、容错性小，而发明专利权经过实质审查，稳定性强于实用新型和外观设计。一旦取得专利权，就获得相应的权利；否则，一经无效，轻则利润得不到保障，重则对其海外市场的布局造成破坏。

其次，申请的专利技术不适合通过实用新型进行专利申请。实用新型是对产品的形状、构造或者其结合所提出的适于实用的、新的技术方案，如广东省内申请量占比较大的通信领域，其中大量方法专利通过发明专利进行保障更为合适。

再次，从企业申请专利的目的出发，由于实用新型、外观设计不用经过实质审查、申请门槛低，部分企业在国内为了申请专利而申请专利，目的并不在于通过专利对产品进行保护。但当企业进入海外市场后，更希望通过创新性强的专利在国外市场夺得一席之地，并不只为了持有专利，因此企业较少选择向海外申请实用新型、外观设计专利。

最后，由于各国专利法律的不同，部分国家专利法中没有实用新型这一专利类型，如美国专利类型仅包括发明专利、外观设计专利和植物专利。

2. 与其他省（区、市）申请类型对比

对广东省及其他九省市在海外申请的专利类型进行统计，得出广东省及其他九省市不同专利类型的申请数量分布，如图3-5和表3-2所示。

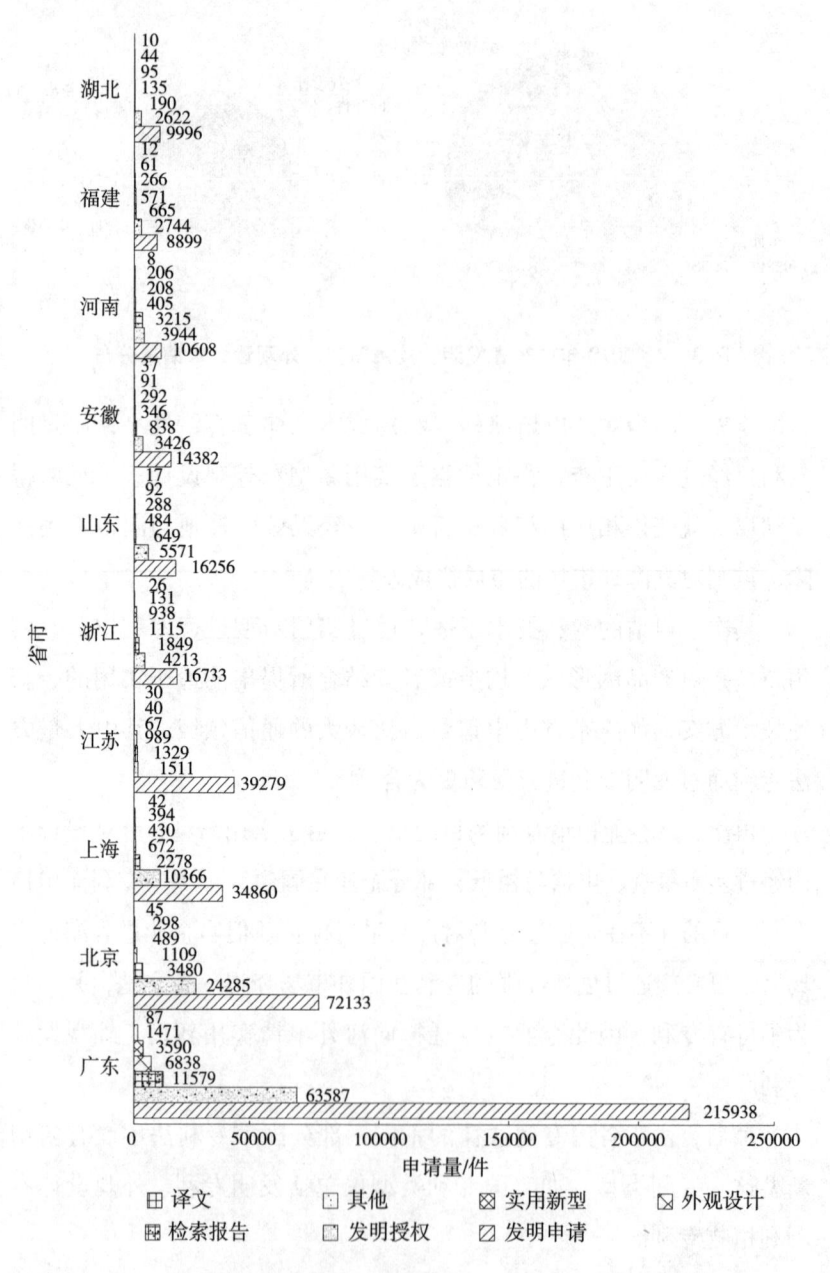

省市	译文	其他	检索报告	发明授权	发明申请	实用新型	外观设计
湖北	10	44	95	135	190	2622	9996
福建	12	61	266	571	665	2744	8899
河南	8	206	208	405	3215	3944	10608
安徽	37	91	292	346	838	3426	14382
山东	17	92	288	484	649	5571	16256
浙江	26	131	938	1115	1849	4213	16733
江苏	30	40	67	989	1329	1511	39279
上海	42	394	430	672	2278	10366	34860
北京	45	298	489	1109	3480	24285	72133
广东	87	1471	3590	6838	11579	63587	215938

图3-5 2019年全国前十（含广东）省市发明、实用新型、外观设计申请量分布

表 3-2　2019 年全国前十（含广东）省市发明、实用新型、
外观设计申请量分布

项目	广东	北京	上海	江苏	浙江	山东	安徽	河南	福建	湖北
发明申请/件	215938	72133	34860	39279	16733	16256	14382	10608	8899	9996
发明授权/件	63587	24285	10366	1511	4213	5571	3426	3944	2744	2622
检索报告/件	11579	3480	2278	1329	1849	649	838	3215	665	190
外观设计/件	6838	1109	672	989	1115	484	346	405	571	135
实用新型/件	3590	489	430	67	938	288	292	208	266	95
其他/件	1471	298	394	40	131	92	91	206	61	44
发明占比/%	92.23	94.68	92.22	94.32	83.77	93.45	91.74	78.26	88.08	96.38
外观设计占比/%	2.26	1.09	1.37	2.29	4.46	2.07	1.78	2.18	4.32	1.03
实用新型占比/%	1.18	0.48	0.88	0.15	3.75	1.23	1.50	1.12	2.01	0.73

对广东省及北京市、上海市、江苏省等其余九省市海外申请的专利类型进行分析：10 个省市中发明申请的占比普遍较高，7 个在 90% 以上，其余 3 个在 78% 以上：浙江 83.77%、福建 88.08%、河南 78.26%。

值得一提的是，湖北省的发明专利占比高达 96.38%，一般来说，发明相较于实用新型、外观设计，授权难度更高，从授权难度去评估专利质量，则湖北省市的整体海外专利申请质量较高。

（三）海外专利申请地域分析

1. 广东省海外专利申请主要国家分布

由图 3-6 可知，广东省海外专利主要是通过 PCT 途径申请，共有 152285 件，且具有以下特点。

第一，主要申请集中在五大知识产权局中的其他四局（除中国）。世界五大知识产权局是指中、美、欧、日、韩五局（以下简称"五大局"），广东省企业在美国的专利申请有 72462 件，在欧洲专利局（EPO）（以下简称"欧专局"）的专利申请有 34726 件，在日本

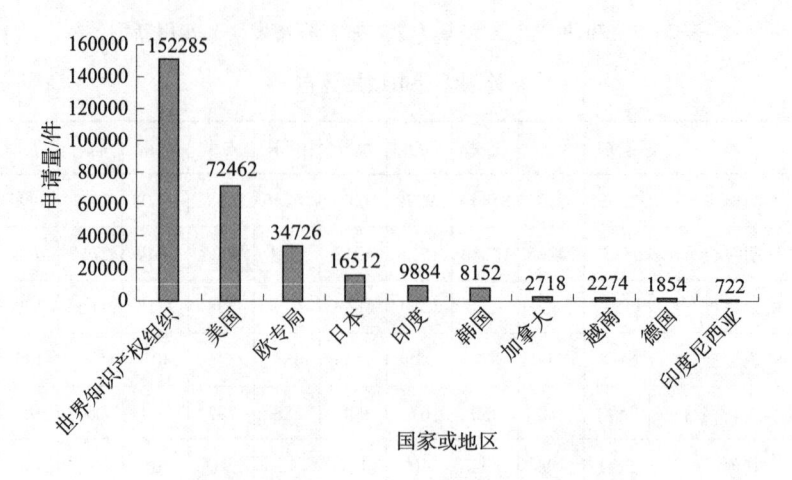

图 3-6 2019 年广东省海外专利申请地域分布

的专利申请有 16512 件，在韩国的专利申请有 8152 件。五大局每年受理专利申请数量都很庞大，这是由这五个国家或地区经济、技术、政治、商业所决定的，且五大局在多领域都有合作，所以广东省的企业在这些国家或地区进行较多的专利申请。

第二，在印度的专利申请量大，共有 9884 件。广东省的企业在印度进行较多的专利布局，其专利申请数量甚至超过韩国。在印度有较多专利布局的原因多样。首先，印度是中国西南边陲的重要邻国。印度位于南亚，其国土面积辽阔，是世界人口第二大国，与中国接壤。其次，印度是金砖国家之一，是新兴国家经济体的重要代表。近年来，印度的经济增长引人注目，在实行开放和经济"自由化"政策之后，印度扭转了长期停滞落后的状况，综合国力有了较大增强，成为亚洲一支举足轻重的力量。近年来，印度产业多元化，除传统工业外，服务业增长迅速，成为全球软件、金融等服务业最重要的出口国，在新兴的信息软件产业领域，其实力仅次于美国。最后，印度是"一带一路"倡议的重要发展对象。印度是南亚第一大国，也是印度洋上的大国，是"一带一路"倡议的重要节点国家。由于政策导向，在印度的相关专利布局不可落后。

第三，在欧洲及北美国家进行专利申请。从图 3-6 中可以看到，广东省企业在加拿大的专利申请共有 2718 件，在德国的专利申请有 1854 件。欧洲和加拿大都是企业对外出口的重要市场，企业与这些国家或地区的贸易往来频繁，因此必须由相应的专利布局来保障。由于专利申请和后续维护成本的不同，企业有时会选择仅在欧洲某个国家申请专利而不是申请欧盟专利，当某个企业在整个欧洲地区都有业务拓展的时候，选择通过 EPO 申请能够保证企业对该专利在整个欧盟的排他性的权利，但如果某些企业并不在欧盟众多国家都进行贸易的话，只选择某个或某些重点国家进行专利布局会更节约成本。

第四，在东南亚邻国的专利布局也比较多，在越南有专利申请 2274 件，在印度尼西亚有专利申请共 722 件。东南亚国家毗邻中国，位于我国南部的广东省与东南亚各国更是距离较近，且这些国家能满足企业低端生产和组装的需求，使得广东省企业与这些国家贸易往来频繁，所以专利的战略布局至关重要。

2. 与其他省市海外申请地域对比

本节将删除通过 PCT 途径申请专利的相关数据，以期更为清晰地比较不同省市在不同国家或地区进行专利申请的特点。

首先，根据图 3-7 呈现的数据，将广东省海外专利申请地域分布与北京市、上海市的进行对比。不难发现，这三个省市主要对外申请国家或地区的结构大致相同，具有同样的特点：在五大局、个别欧洲国家、东南亚邻国进行专利申请。值得一提的是，广东省在印度的专利申请比在韩国的多，而北京、上海在日本的专利申请比在韩国的多。原因与地理位置密不可分，广东省位于我国南部，与地处南亚的印度距离更近，而北京市、上海市与日本的距离更近。地理距离不同，使得不同地区主要贸易对象不同。广东省与印度的贸易往来较北京市、上海市更多，其对在印度的专利申请会更为重视。

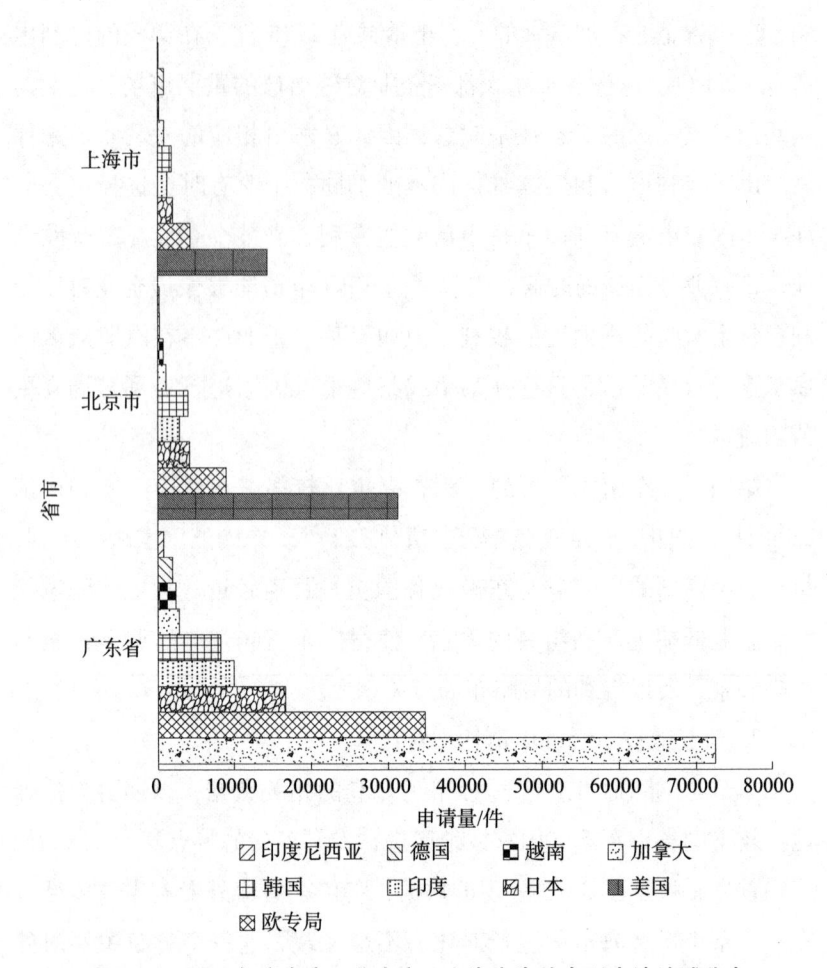

图 3-7　2019 年广东省、北京市、上海市海外专利申请地域分布

其次，根据图 3-8 呈现的数据，广东省在海外申请结构上与江苏省、浙江省、山东省有所不同。第一，江苏省在日本的专利申请量大，共计 4804 件，数量甚至多于欧专局。这是由于江苏省与日本贸易往来更加频繁。多年来，江苏省与日本合作交流密切，经贸往来成果丰硕。目前日本是江苏省第三大贸易国，而江苏省则成为中国对日贸易第二大省，贸易产品主要集中在机器、机械、电气设备、光学、照相、纺织品及化工领域。第二，与浙江省相比，广东省在印度的专利申请较其他省份比重更大。目前印度已经成为广东省在南亚地区最大的贸易伙伴，广东省对印度出口以机电产品、高新技

术产品为主。第三，山东省在韩国专利申请量较大，共 7572 件，超过其在美国的专利申请数量。山东省与韩国距离较近，自古以来交流活跃，大部分韩国华侨是山东人。由于地缘优势、生活习惯相似以及强烈的经济互补性，山东省和韩国之间贸易合作越来越深入，韩国是山东省的第一对外贸易伙伴。因此，山东省在韩国的专利布局数量显得非同寻常地多。

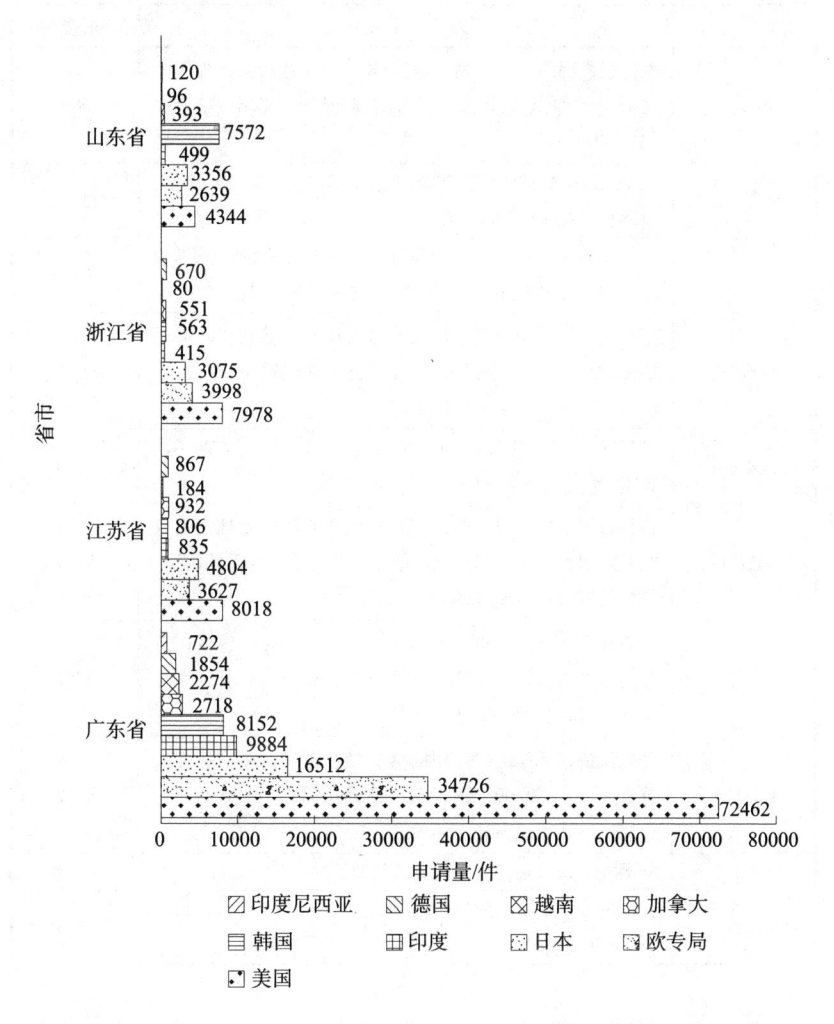

图 3-8　2019 年广东省、江苏省、浙江省、山东省海外专利申请地域分布

(四) 海外专利技术领域分析

1. 广东省技术构成分析

选取专利申请量排名前十的 IPC（技术领域精确至大组）分类，对广东省海外专利总体技术的构成进行统计，具体分析如表 3-3 所示。

表 3-3　2019 年广东省海外专利技术 IPC 大组排名前十分布

IPC 分类号	对应技术领域	申请量/件
H04L 12	数据交换网络（存储器、输入/输出设备或中央处理单元之间的信息或其他信号的互连或传送入 G06F 13/00）〔5，2006.01〕	16064
H04L 29	H04L 1/00 至 H04L 27/00 单个组中不包含的装置、设备、电路和系统〔5〕	12202
H04W 72	本地资源管理，例如，无线资源的选择、分配或无线业务量调度〔2009.01〕	10554
G06F 3	用于将所要处理的数据转变成为计算机能够处理的形式的输入装置；用于将数据从处理机传送到输出设备的输出装置，例如，接口装置〔4〕	9036
H04W 4	专门适用于无线通信网络的业务及其设施〔2009.01，2018.01〕	6866
G06F 17	特别适用于特定功能的数字计算设备或数据处理设备或数据处理方法（信息检索，数据库结构或文件系统结构，G06F 16/00）、〔6，2006.01，2019.01〕	5733
G02F 1	控制来自独立光源的光的强度、颜色、相位、偏振或方向的器件或装置，例如，转换、选通或调制；非线性光学〔1，2，4，2006.01〕	4761
H04M 1	分局设备，例如用户使用的（交换和提供的用户服务或设备入 H04M 3/00，预付费电话硬币箱入 H04M 17/00，电流供给装置入 H04M 19/08）〔1，7〕	4756
H04L 1	检测或防止收到信息中的差错的装置	4518
H04B 7	无线电传输系统，即使用辐射场的（H04B 10/00，H04B 15/00 优先）	4295

图 3-9 列出了广东省海外专利技术按 IPC 分类排名前十的大组，前三分别为 H04L 12（数据交换网络）、H04L 29（H04L 1/00 至 H04L 27/00 单个组中不包含的装置、设备、电路和系统）和 H04W 72（本

地资源管理，例如无线资源的选择、分配或无线业务量调度），这三类技术之和达到IPC排名前十的领域申请量总数的49.28%。

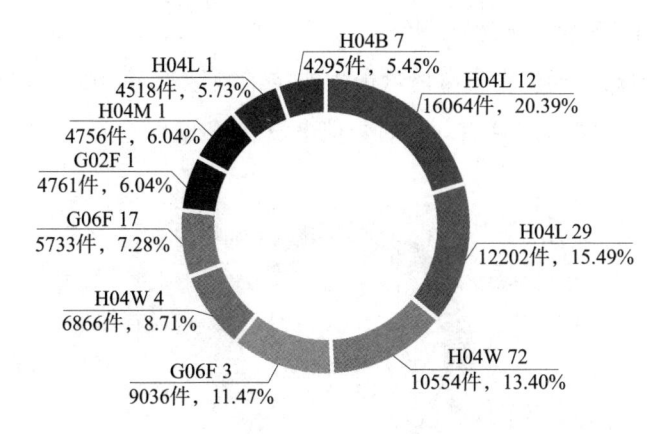

H04B 7 4295件，5.45%
H04L 1 4518件，5.73%
H04M 1 4756件，6.04%
G02F 1 4761件，6.04%
G06F 17 5733件，7.28%
H04W 4 6866件，8.71%
G06F 3 9036件，11.47%
H04W 72 10554件，13.40%
H04L 29 12202件，15.49%
H04L 12 16064件，20.39%

图3-9　2019年广东省海外专利技术IPC分类排名前十分布

第一，通过分析发现，IPC申请量前三名均在H04的电通信技术，申请量前两名均在H04L领域。H04L属于数字信息传输技术领域，广东省是全国信息通信产业大省，电子信息制造业、软件和信息服务业规模多年位居全国第一，为数字经济发展奠定了坚实的基础。2017年，规模以上电子信息制造业累计实现销售产值36076.9亿元，位居全国第一，完成增加值8108.1亿元，占全省工业增加值的24.52%。同时，广东省是制造业大省，服务业发达，拥有丰富的数字化应用市场和融合发展空间，产业数字化处于全国领先水平，以互联网与制造业融合为主体的融合型数字经济发展趋势明显。广东省拥有一大批实力强劲的数字经济骨干企业，拥有信息技术领域上市公司123家，数量超过北京市和上海市之和，居全国首位。因此，广东省在这个IPC分类的专利申请较多。

2. 与其他省市技术构成对比

以下对北京市、上海市、江苏省三个省级行政单位的专利申请技术构成情况进行分析。

（1）北京市与广东省技术构成对比分析。

由图3-9和图3-10可知，北京市技术领域中分布的专利数量和广东省在数值上相差较大，北京市申请量最大的技术领域为 G02F 1（控制来自独立光源的光的强度、颜色、相位、偏振或方向的器件或装置，例如，转换、选通或调制；非线性光学〔1，2，4，2006.01〕），总量 5010 件；而广东省申请量最大的技术领域为 H04L 12（数据交换网络），总量 16064 件。两者数值上没有可比性。

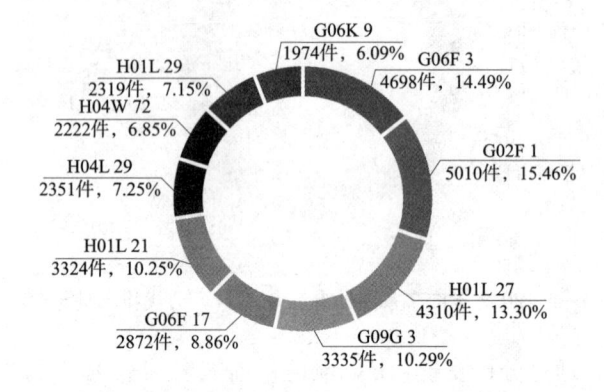

G06K 9 1974件，6.09%
G06F 3 4698件，14.49%
H01L 29 2319件，7.15%
H04W 72 2222件，6.85%
H04L 29 2351件，7.25%
G02F 1 5010件，15.46%
H01L 21 3324件，10.25%
H01L 27 4310件，13.30%
G06F 17 2872件，8.86%
G09G 3 3335件，10.29%

图 3-10　北京市海外专利技术按 IPC 分类排名前十分布

从另一个角度对技术领域的种类进行分析，可以发现，北京市与广东省申请量排名前十技术领域的种类大致相同，均分布在电通信领域和计算机有关的物理装置领域。但北京市与广东省各技术领域在前十中所占的比例有所差异，北京市排名前三的技术领域占比为 13%～15%，在比例上相差不大，申请量较为平均；而广东省排名前三的技术领域占比分别为 13%、15%、20%（H04L 12），可见广东省的创新主体和资源更多地选择向 H04L 12 倾斜。

（2）上海市与广东省技术构成对比分析。

通过图 3-9 和图 3-11 对比分析可以发现，上海市海外专利技术所涉及 IPC 分类中的技术领域更加多元，除了电通信技术之外，在 A61P 35（抗肿瘤药）、A61K 31（含有机有效成分的医药配制品）、C12N 15（突变或遗传工程；遗传工程涉及的 DNA 或 RNA）、C07K 14（具有多于 20 个氨基酸的肽、促胃液素、生长激素释放抑制因子、促黑激素、其衍生物）都有所涉及。生物医药产业是上海市战略性新兴产业的重要支柱，创新要素集聚，企业链条齐备，综合配套优势明显。因此，在各类研发创新要素加速集聚和政策驱动下，上海市生物医药产业始终保持国内领先地位。而广东省申请量前十的 IPC 分类中未出现生物制药领域和遗传工程等技术，广东省则更为重视在电子通信领域的海外专利布局。

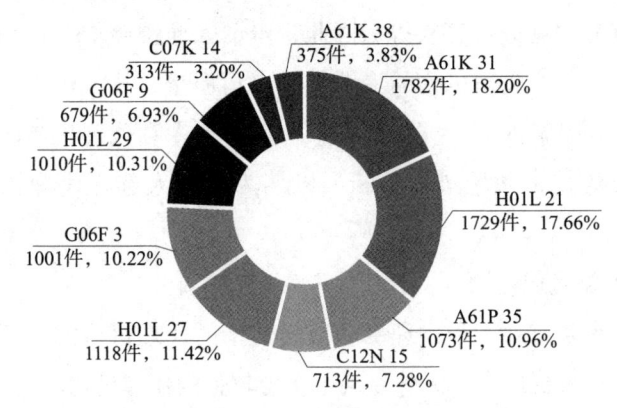

图 3-11　上海市海外专利技术按 IPC 分类排名前十分布

（3）江苏省与广东省技术构成对比分析。

根据图 3-11 和图 3-12 可以发现，江苏省与上海市的技术构成情况类似，江苏省海外专利申请大多落在 A61K 31（含有机有效成分的医药配制品）。原因可能是江苏省近几年来一直在力图打造我国生物医药领域创新平台体系最全、企业研发能力最强、产业发展态势最优的产业创新高地，其中较为出名的企业有恒瑞医药、正大天晴、豪森药业等。

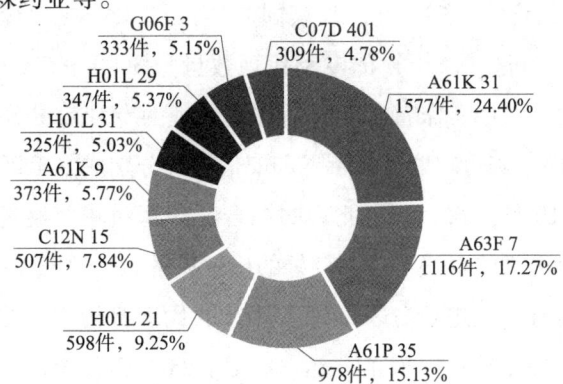

图 3-12　江苏省海外专利技术按 IPC 分类排名前十分布

95

（五）代理机构委托情形分析

专利申请是一项专业性非常强的活动，申请人需要专业代理机构评估技术是否可以申请专利，委派专利代理师进行专利申请文件的撰写，对专利申请的流程、缴费或其他程序办理的时限进行把握，对专利审查意见进行答复等。因此，申请人通常会委托代理机构进行专利申请，故代理机构的专业性、申请质量、技术构成一定程度上影响专利申请的质量。因此，本节对主要专利代理机构的申请质量及擅长的技术领域进行分析，以期为申请人选择代理机构提供参考。

1. 主要代理机构

对广东省海外专利代理专利数量前十的代理机构的申请量进行分析，以期得到广东省海外专利中实力较强的代理机构。

（1）广东省申请量前十的代理机构的总申请量

如图3-13所示，对广东省2000—2019年的海外布局专利委托的代理机构进行统计，按照其代理的专利数量进行排名。专利代理数量超过5000件的代理机构有4家，分别为北京派特恩知识产权代理有限公司（以下简称"派特恩"）、北京安信方达知识产权代理有限公司（以下简称"安信方达"）、北京康信知识产权代理有限责任公司（以下简称"康信"）和广州三环专利商标代理有限公司（以下简称"三环"）；其余代理机构如广州华进联合专利商标代理有限公司（以下简称"华进"）、北京同立钧成知识产权代理有限公司（以下简称"同立钧成"）的专利代理数量为3000～5000件，也有不俗的实力。其中，派特恩和安信方达代理的专利数量分别为9732件和9314件，实力超群。派特恩和安信方达分别成立于2003年4月和2002年10月，均为立足北京的综合性代理机构，经过多年耕耘在业内拥有庞大的客户群体和较好的服务质量。

从地域分布上进行分析，排名前十的代理机构中，北京的代理机构较多，如派特恩、安信方达、同立钧成、康信等；其次为华南地区的代理机构，如三环和华进。可能的原因如下：

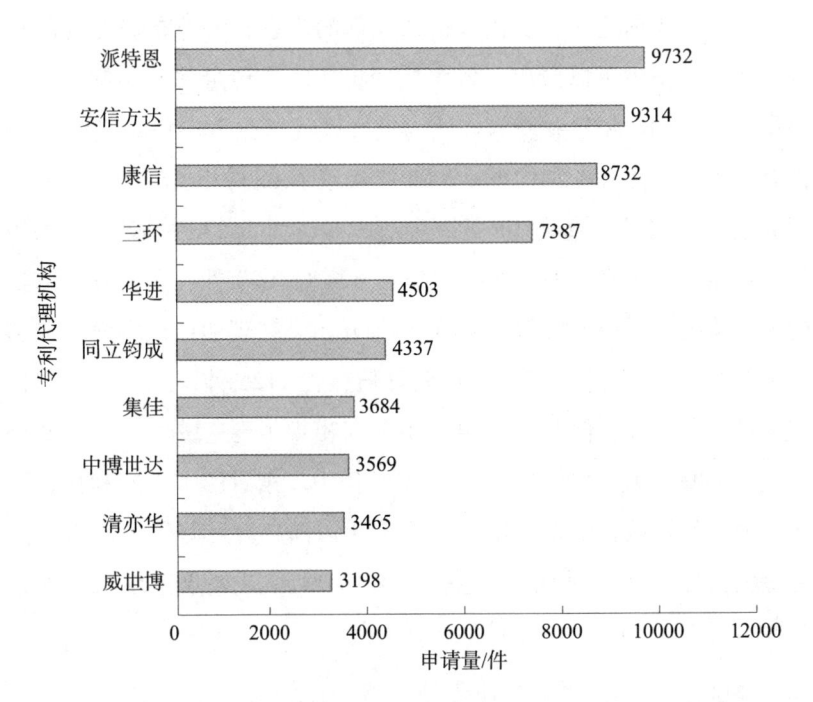

专利代理机构	申请量/件
派特恩	9732
安信方达	9314
康信	8732
三环	7387
华进	4503
同立钧成	4337
集佳	3684
中博世达	3569
清亦华	3465
威世博	3198

图3-13　广东省海外专利申请主要代理机构代理的专利申请数量

第一，我国的首都为北京，国家知识产权局也位于北京，早期的专利代理机构绝大多数起源于北京，借助地域优势和首都的经济实力，并结合自身的努力，经过多年深耕，积攒了较多的优质客户，奠定了自身的实力；华南区域以广东为代表，经济发展迅速，也孕育了一批实力较强的专利代理机构。

第二，目前规模较大的代理机构均采用线上协同办公和立足总部，辐射全国乃至全球的发展模式，因此，北京的代理机构仍旧可以凭借分公司的支持和多地办公在广东省保持自身优势。

第三，华南地区的华进和三环起源于华南地区，在华南区域拥有较强的客户资源和影响力，且自身实力不俗，因此在广东省海外专利代理业务中也享有一定市场份额。

（2）广东省申请量排名前十的代理机构的年申请量

对广东省海外专利代理专利数量前十的代理机构的年申请量进行分析，以期得到各个代理机构的年度发展情况。

图 3-14 描述了主要代理机构代理的广东省海外布局专利的年申请量，从图中可以看出，各个代理机构的申请量并不相同。以申请量前两位的派特恩和安信方达为例，派特恩在 2001—2007 年完全没有广东省的海外专利代理，2008 年代理了 16 件相关专利，此后代理数量迅速增长，直到 2011 年达到巅峰，为 1682 件。2012—2019 年，数量有所下降，但是总体保持在 600～1000 件。安信方达前期的发展情况与派特恩相似，从 2007 年开始其代理的广东省海外专利数量开始增加，并在 2010 年达到峰值，为 1125 件，此后其专利代理数量有所下降，但是从 2014 年开始又出现了迅速增长，并在 2016 年达到巅峰，为 1894 件。三环和华进作为广东省的本土专利代理机构，两者的发展路线较为相似，2012 年以前三环和华进的广东省海外专利代理数量均呈现稀疏势态，从 2013 年开始迅速增长，并在 2017 年达到峰值。

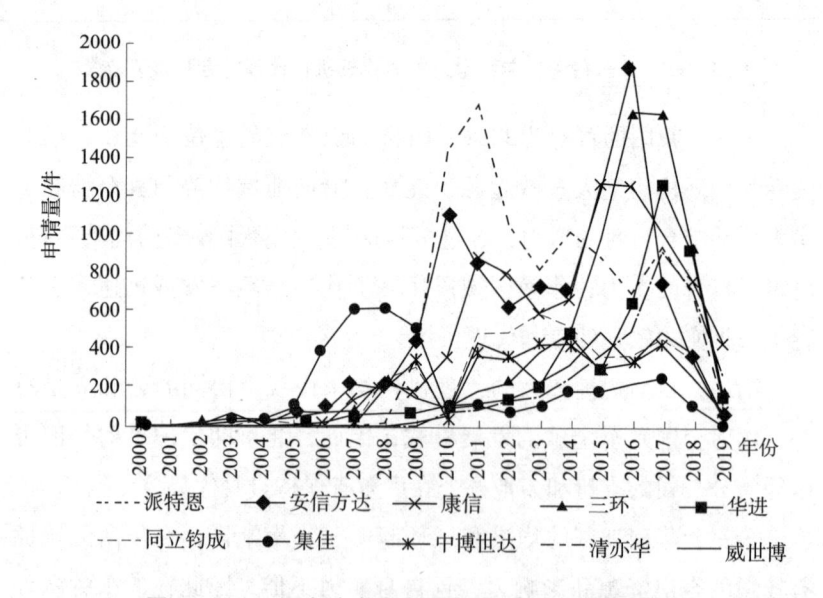

图 3-14 2019 年广东省主要代理机构年申请量对比

不同代理机构的年申请趋势差异较大，原因可能与其客户构成有关。派特恩和安信方达的主要客户为中兴通讯股份有限公司（以下简称"中兴"），其中，派特恩 98% 的海外专利申请委托人为中兴，安信方达 95% 的海外专利申请委托人为中兴。中兴从 2008 年开始申请了大量海外专利，并且 2008—2013 年其主要合作的代理机构为派特恩和安信方达。2014 年之后，中兴逐渐将委托业务转移到安信方达，因此安信方达在 2014—2016 年再次出现申请量的增加，而派特恩的海外专利代理数量逐渐减少。对于华南区域的华进和三环而言，其客户构成更为均衡，主要客户为腾讯、平安科技、宇龙、华为等民营企业，随着此类企业的全球化发展，华进和三环的海外专利代理数量也逐渐增加。

2. 申请技术构成分析

下面将结合 IPC 分类分析广东省申请量排名前十的代理机构专利申请技术构成的申请量。

IPC 是目前国际通用的专利文献分类和检索工具。IPC 按照技术主题设立类目，依次分为部、大类、小类、大组、小组。本节对 IPC 大组类别数进行统计，绘制主要代理机构代理的海外专利的 IPC 大组分布情况，根据 IPC 统计情况分析主要代理机构的强势技术领域，根据相关数据统计得出图 3 - 15 和表 3 - 4。

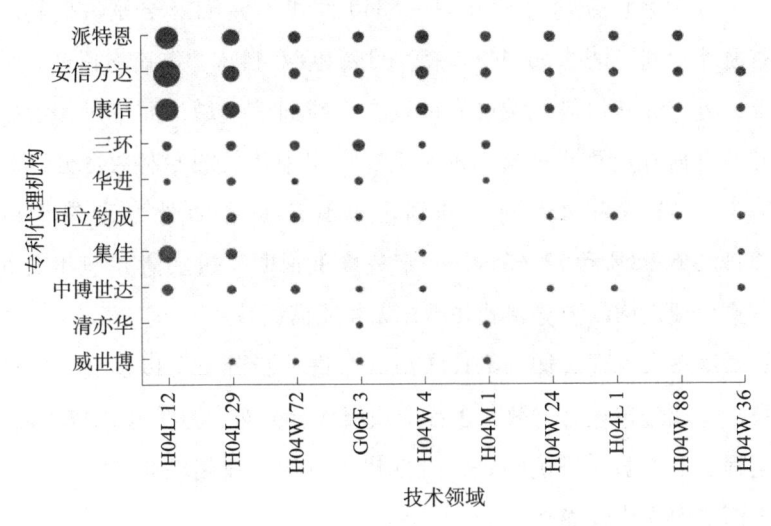

图 3 - 15 2019 年广东省主要代理机构技术领域 IPC 分布

注：图中圆圈大小表示申请量多少。

表3-4 2019年广东省主要代理机构技术领域 IPC 分布

IPC 大组	派特恩	安信方达	康信	三环	华进	同立钧成	集佳	中博世达	清亦华	威世博
H04L 12/件	1292	1590	1309	307	118	535	902	456	0	0
H04L 29/件	834	813	826	332	231	321	426	265	0	70
H04W 72/件	517	422	372	342	117	352	0	297	0	86
G06F 3/件	421	324	354	493	212	133	0	118	112	140
H04W 4/件	624	569	514	157	0	156	132	125	0	0
H04M 1/件	378	371	307	256	89	0	0	0	130	139
H04W 24/件	412	290	296	0	0	133	0	117	0	0
H04L 1/件	329	286	250	0	0	189	0	109	0	0
H04W 88/件	394	334	272	0	0	144	0	0	0	0
H04W 36/件		341	254	0	0	165	93	151	0	0
前十IPC申请量/件	5201	5340	4754	1887	767	2128	1553	1638	242	435
专利代理总量/件	9732	9314	8732	7387	4503	4337	3684	3569	3465	3198
占比/%	53.44	57.33	54.44	25.54	17.03	49.07	42.16	45.90	6.98	13.60

结合表3-4和图3-15的相关数据，从代理机构的角度进行分析，可以得知，派特恩、安信方达和康信在排名前十的IPC大组中相关的专利数量分别为5201件、5340件和4754件，分别占据其广东省海外专利申请的53.44%、57.33%和54.44%，占比均超过一半以上，可印证其强势领域确实体现在无线通信领域；而华进、清亦华和威世博在所列出的排名前十IPC大组中相关的专利数量分别为767件、242件和435件，分别占据其广东省海外专利申请的17.03%、6.98%和13.60%，一定程度上说明华进、清亦华和威世博三家代理机构的强势领域并不在无线通信领域。

对这三家代理机构的IPC大组分布进一步分析可以发现，华进的技术领域分布较为分散，在各个领域均有分布，且分布比较均衡，一定程度上说明华进确实是综合性代理机构，其代理业务广泛，且各方面实力均比较优秀。

清亦华在电池和电子设备上专利分布较多，主要原因是清亦华是比亚迪的专利申请供应商之一，为比亚迪申请了大量电池和清洁能源方面的专利，同时 OPPO 也和清亦华建立了良好的合作，委托清亦华申请了大量电子设备方面的专利，委托人的信赖一定程度上可以反映清亦华在电池和电子领域的实力。

威世博在电子屏幕如 LCD、OLED 等方面的专利申请较多，威世博在代理的广东省海外专利申请中，有超过一半的专利申请人为华星光电，华星光电是屏幕显示领域的龙头企业之一，能够与华星光电建立紧密长期的合作，一定程度说明威世博在电子屏幕领域的代理实力。

表 3-5 选取了主要代理机构集中分布的前十大技术领域，并对主要代理机构在该技术领域中的专利分布进行统计。结合相关图表，从技术领域上进行分析，H04L 12（数据交换网络）和 H04L 29（H04L 1/00 至 H04L 27/00 单个组中不包含的装置、设备、电路和系统）技术分类下的相关专利最多，其中派特恩、安信方达、康信和集佳在该技术领域分布有较多专利，一定程度上可以说明广东省海外专利布局主要集中在无线通信方面，同时也说明派特恩、安信方达、康信和集佳在通信领域的专利代理实力较强。

表 3-5　主要代理机构 IPC 分类号分布

IPC 分类号	分类号释义
H04L 12	数据交换网络（存储器、输入/输出设备或中央处理单元之间的信息或其他信号的互连或传送入 G06F 13/00）〔5, 2006.01〕
H04L 29	H04L 1/00 至 H04L 27/00 单个组中不包含的装置、设备、电路和系统〔5〕
H04W 72	本地资源管理，例如无线资源的选择或分配或无线业务量调度〔2009.01〕
G06F 3	用于将所要处理的数据转变成为计算机能够处理的形式的输入装置；用于将数据从处理机传送到输出设备的输出装置，例如接口装置〔4〕
H04W 4	专门适用于无线通信网络的业务；其设施〔2009.01, 2018.01〕
H04M 1	分局设备，例如用户使用的
H04W 24	监督、监控或测试装置〔2009.01〕
H04L 1	检测或防止收到信息中的差错的装置
H04W 88	专门适用于无线通信网络的设备，例如终端、基站或接入点设备〔2009.01〕
H04W 36	切换或重选装置〔2009.01〕

（六）海外专利简单同族分析

Incopat 数据库中的简单同族数是指专利文件所在的专利族中，共有相同的优先权号的专利件数，可以反映某一项专利技术在全球内的布局范围信息。对广东省海外专利申请数据进行合并同族（简单同族）处理，再对这些专利文本的简单同族数据进行统计，可以得出广东省海外专利布局范围情况，如图 3-16 所示。

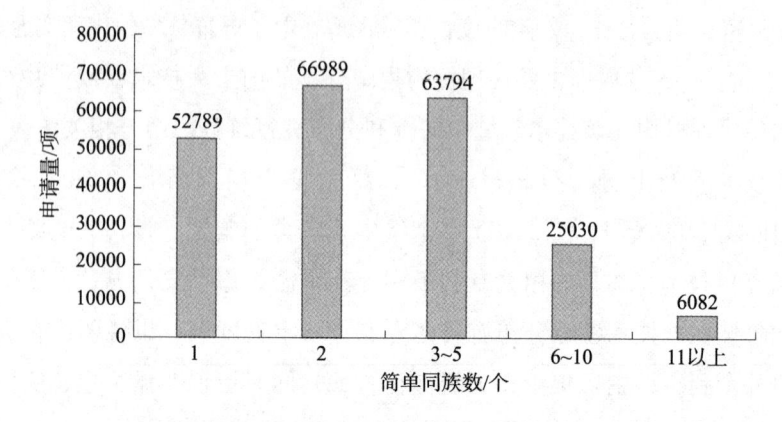

图 3-16　2019 年广东省海外专利申请简单同族数分布

从图 3-16 中可以看出，简单同族数为 2 个的专利申请最多，有 66989 项。也就是说，有 66989 项专利技术在两个海外专利受理局进行了专利申请。考虑到广东省企业在海外进行布局的情况下，一般都会在中国国家知识产权局进行申请，那么可以进一步认为，有 66989 项专利技术在全球范围内向三个专利受理局提交了专利申请。简单同族数为 11 个以上的专利技术不多，为 6082 项。全球范围内，具有专利布局意义的国家实际上并不多，因为 EPO 受理的专利（即 EP 专利）涵盖欧盟所有国家，且世界知识产权组织受理的专利可能（即 PCT 专利）在所有 PCT 缔约国内生效，再加上许多不发达国家根本不实施专利制度，现假定简单同族数在 11 个以上的专利做到了范围最广的全球布局。那么在 214684 项技术中，有 6082 项技术做到了全球专利布局，占比为 2.83%。除此之外，简单同族数为 1 个、3 个、4 个、5 个的专利较多，简单同族数为6～10个的专利技术较少。因国际专利布局习惯，企业在进行较为广泛的专利布局时会考虑向中国国家知识产权局、美国专利商标局、欧洲专利局、日本特许厅、韩国知识产权局、世界知识产权组织这六大受理局进行布局，那么可以对样本专利进行假设，简单同族数为6～10个的专利技术做到了广范围布局。进而可以认为，有12%的专利技术做到了广范围布局，并且还存在2%的专利简单同族数为11个以上，范围更广。这样可以将所有专利技术分为两类，即小范围海外布局的专利技术与广范围海外布局的专利技术，如3－17所示。

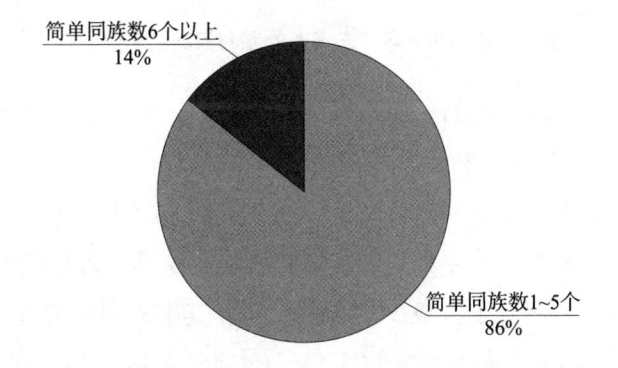

图3－17　2019年广东省海外专利申请简单同族数占比分布

从图3－17中可以看出，大部分专利技术在海外布局中地域范围并不广，有14%的专利技术做到了较广范围的海外布局。

（七）海外专利权利要求数分析

通过Incopat数据库的统计功能，可以精确统计每一篇专利文献所包含的权利要求数。一般而言，权利要求数更多的专利相对权利要求数更少的专利对技术的保护更全面，更具有层次性，申请文件撰写质量更好。对全部专利的权利要求数进行统计后可以看出，某一权利要求数对应专利数量，如图3－18所示。

由图3－18中可以看出，在所有的海外申请文本中，不同大小的权利要求数对应的专利数近似正态分布。其中，权利要求数为11～20项的专利申请最多，为142329件，在所有申请文件中占比

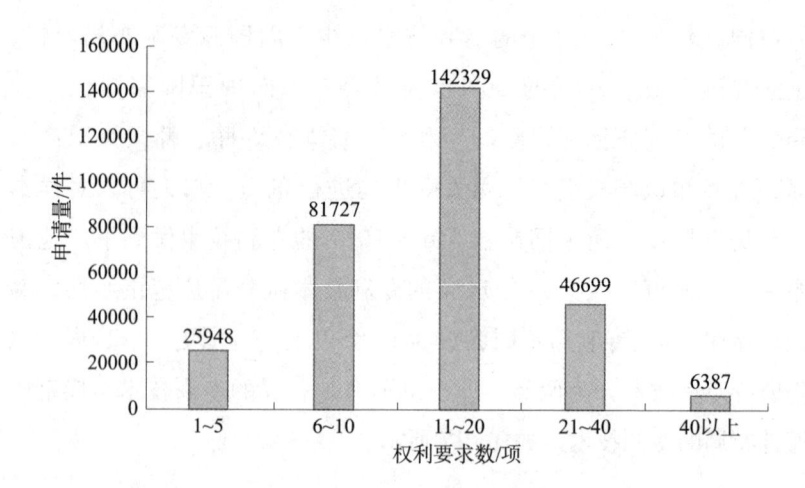

图 3-18 2019 年广东省海外专利权利要求数分布

47%。相比于这一区间，随着权利要求数的上升，专利数也急剧下降，对于权利要求数在 40 项以上的申请文件，专利数为 6387 件，在所有区间中占比最少，为 2%。专利申请人对于这些专利的权利要求布局要求较高，希望尽可能多地围绕技术主题圈占可能实现的改进点。对于权利要求数较少的专利申请，其中权利要求数不超过 5 项的有 25948 件，权利要求数为 6～10 项的有 81727 件。这些专利权利要求数较少，在权利要求布局上缺乏层次性，一旦独立权利要求被无效，则整个专利将面临无效的风险。即便如此，仍有大量专利申请采用这种权利要求布局策略，除了保护的技术内容较为简单这一原因外，还可能与一些专利费用收取政策相关。在我国，一项专利申请的权利要求数超过 10 项的时候，申请人需要缴纳额外的费用。部分专利的技术内容较为简单，无须多层次地进行权利要求布局，较少的权利要求数即可以满足申请人的需求。此时，将权利要求数控制在 10 项以下不失为一个经济的方案。海外申请通常以该国申请为优先权专利，所以海外申请也容易出现这一现象。此外，代理机构的权利要求书撰写习惯也是一个原因。

通常来说，权利要求数量越多，该申请文本权利要求布局越具有层次性，为高质量申请的可能性就越大，此处将权利要求数简单地与申请质量对应,以权利要求数为标准将专利申请文件的质量划分为五类,如表3-6所示。

表3-6 2019年广东省海外专利质量分布

权利要求数/项	申请量/件	申请质量
1～5	25948	低
6～10	81727	普通
11～20	142329	良好
21～40	46699	优秀
40以上	6387	非常优秀

由表3-6可知,良好以上的专利申请数较多,共有67325件(占38.47%)。可见,广东省海外专利在权利要求数维度上较为优秀。

三、2019年广东海外专利布局重点行业分析

前文从总体上对广东省海外专利申请进行分析,这些分析不针对具体的行业,也不围绕具体的申请人,以尽量宏观的角度展示广东省企业在进行海外专利布局时的情况。以下将挑选具有代表性的行业,从微观的角度对这些行业进行分析。需要注意的是,技术优势并不直接等于经济优势,在这些分析中,不涉及不同行业经济贡献的情况。

(一)行业总体态势分析

1. 行业分布情况

(1)广东省海外布局主要行业分布

依照国民经济行业分类与IPC分类对应表可以对广东省海外专利申请进行分类,根据该分类可以发现,广东省海外专利申请在不同的经济行业有十分显著的差异,其中排名前十的经济行业具体专利申请数如图3-19所示。

从图3-19中可以看出,广东省在海外专利申请时,行业差异较为明显,电信、广播电视和卫星传输服务,计算机、通信和其他电子设备制造业,电气机械和器材制造业这三大经济行业在排名前

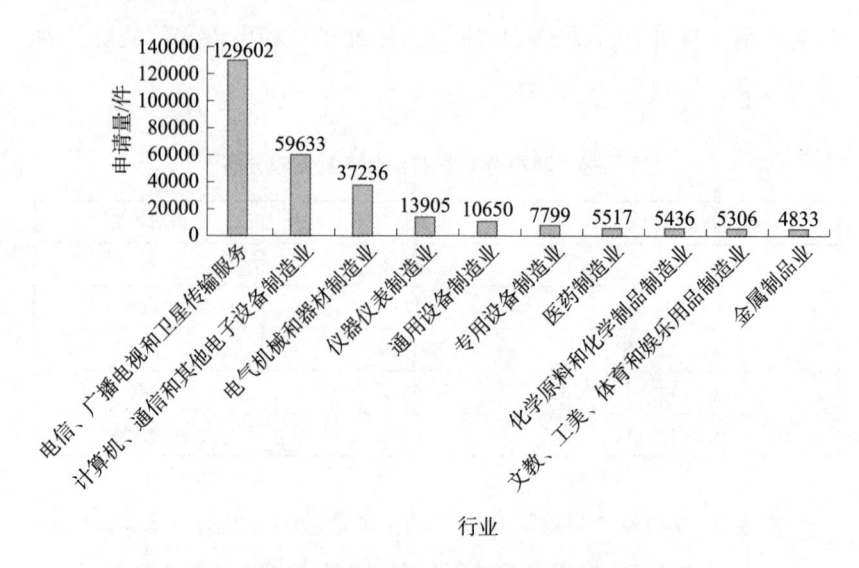

图 3-19 2019 年广东省海外专利数量排名前十的经济行业

十行业中较大程度地领先于其他行业。对广东省的海外专利申请划分所在的众多经济部门进行分析后可以发现：①在一些经济行业中，广东省没有对海外进行专利申请，例如 A 部的农业、林业、畜牧业、渔业，B 部的煤炭开采、石油、天然气开采、有色金属矿采选等；②即使是海外专利申请数量最少的经济行业部门——C 部下的纺织服饰业、皮革、毛皮、羽毛及其制品和制鞋业（都不足 1000 件），仍属于制造业。可见，广东省海外专利布局在经济行业分布上的强项在制造业、信息传输、软件和信息技术服务业。

在排名前十行业中互相对比可以发现，具有高、精、尖特征的现代产业相较于传统制造业在海外专利申请数上更优，例如，电信、广播电视和卫星传输服务行业的专利申请数遥遥领先，计算机、通信和其他电子设备制造业，医药制造行业等高知识附加值的行业在申请数上也有不错的表现。这固然与广东省技术密集型的经济结构特征有关，但仍能说明，广东省企业在海外专利布局上，现代制造业领域的专利申请较传统制造业更多。

（2）与其他省（区、市）行业分布对比

横向对比广东省与其他海外专利申请数较优省（区、市）可以为分析广东省海外申请专利提供新的视角。选取北京市、上海市、江苏省、浙江省市作为对比省份，并挑选其优势行业，其优势行业海外专利申请数如图3-20所示。

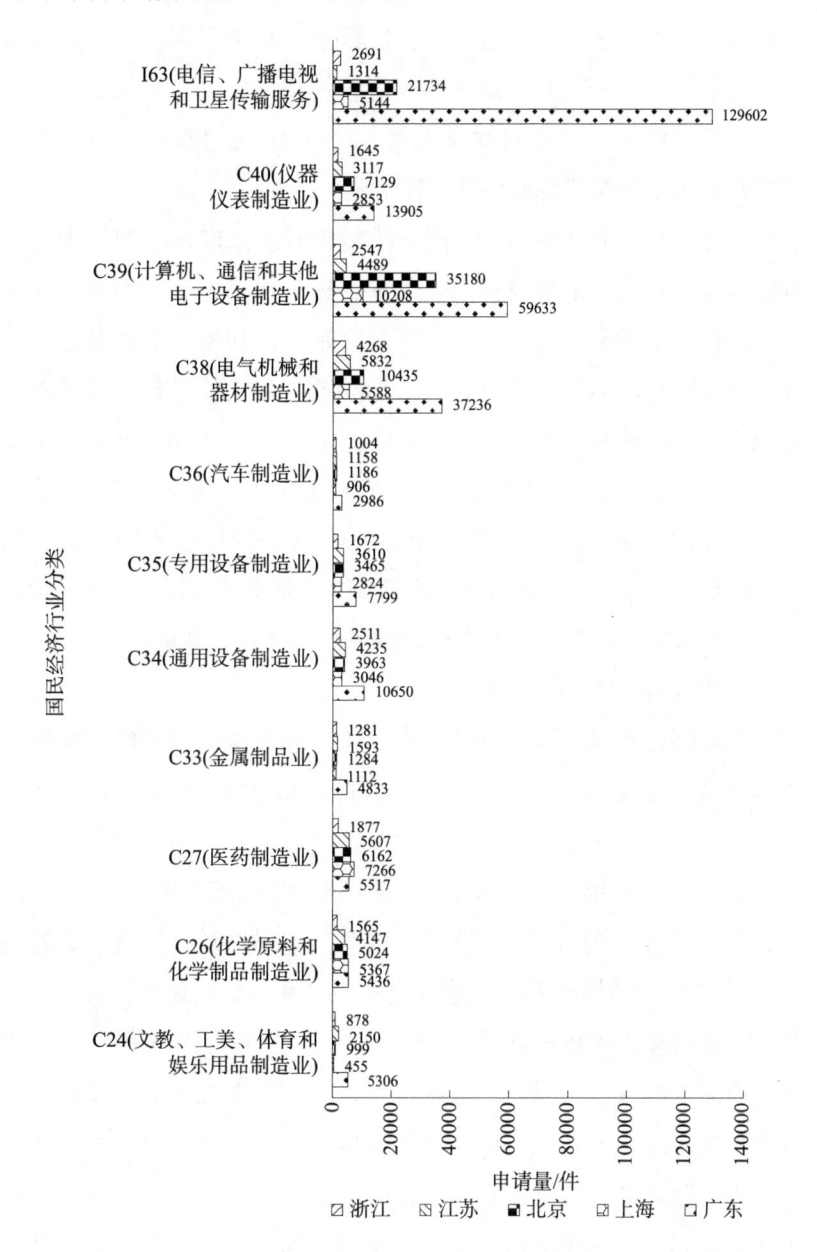

图3-20 2019年海外申请量排名前五的省市各经济行业的专利数量分布

单从数量上看，广东省在绝大多数经济行业中具有更多的海外专利数，特别是在电信、广播电视和卫星传输服务行业，计算机、通信和其他电子设备制造业，电气机械和器材制造业有较大的数量优势。相较于其他省市，这种整体的数量优势与广东省出口型经济导向、新兴工业、服务业发达的经济结构特征有关。仅从数量上来说，广东省创新主体本身数量就多。综合来看，相较于其他省市，广东省在大多数经济行业中技术输出能力更强。

此外，在I63、C38、C40这三个经济行业，广东省相较于其他省市具有绝对的申请数量优势，如果将这一优势完全归因于政策干预，恐怕以偏概全，实际上，不仅是广东省，其他省市也对这三大经济行业进行过多的鼓励与扶持。形成这一巨大优势最直接的原因在于广东省有华为、中兴、鸿海科技、TCL、腾讯、格力等众多的专利申请大户。这些创新主体在市场上提供的服务、销售的产品高度契合I63、C38、C40这三个经济行业下的众多细分行业。例如，格力的家电产品相关专利为C38经济行业贡献了大量申请数量，华为的信号基站卖向全球，相关3G、4G、5G专利技术都处在I63经济行业下。

2. 行业申请趋势

根据国民经济分类，统计广东省海外专利申请行业排名前十的年申请量，选取2000—2019年的数据进行统计，如图3-21所示。

从广东省海外专利申请排名前十国民经济行业的申请数量趋势可以看出，2000年，所有的经济行业刚刚开始在海外进行专利布局。2000年，海外专利布局数最多的是计算机、通信和其他电子设备制造业，共布局46件申请；其次是电气机械和器材制造业，有26件；其他经济行业均未超过20件。以此为起点，这些主要的经济行业在海外布局的数量逐年攀升。其中，电信、广播电视和卫星传输服务业在海外布局的专利数开始和其他经济行业拉开距离，并且优势越来越大。除此之外，电气机械和器材制造业，计算机、通信和其他电子设备制造业这些知识密集型经济行业与其他经济行业的申请数也拉开较大距离。

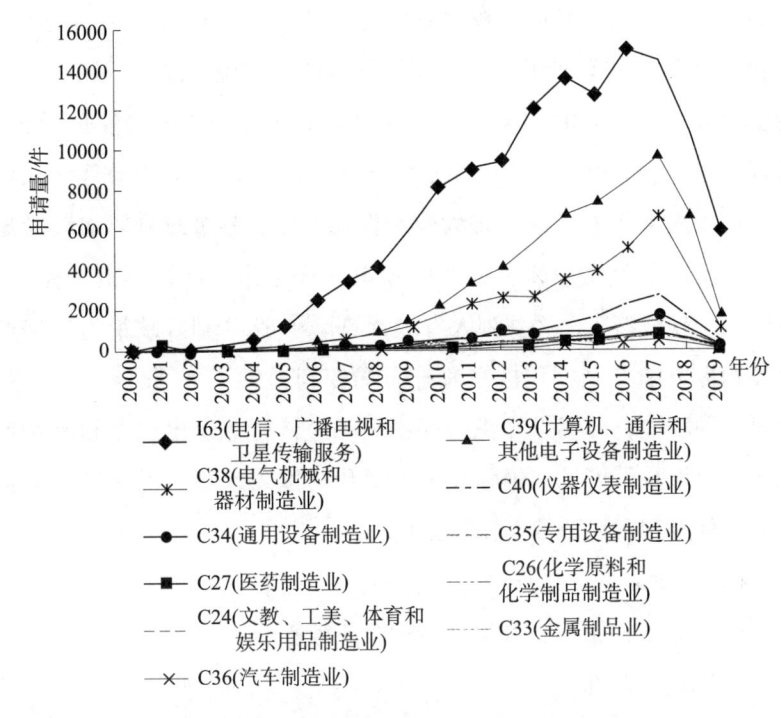

图 3-21 2000—2019 年广东省海外专利数量
排名前十国民经济行业的专利申请趋势

总体上看，2008 年是所有行业开始快速海外布局的关键年，从该年开始，几乎所有行业都加快了海外布局步伐。几乎所有行业每年的海外申请数都比上年多 50%。如果从技术发展的角度来解释这一现象，那么只能得出所有经济行业都取得了技术突破，但明显这是不现实的。主要的原因在于，2008 年，美国签订了《优化知识产权资源与组织法案》，加大了知识产权领域的执法力度，同时，美国国际贸易委员会（ITC）针对中国电池企业发起的 337 调查经过数年的行政和司法程序，最终被美国联邦巡回上诉法院裁决，中国企业没有侵犯专利权，这些国外的司法和立法行为启示着中国企业在国际贸易中需要熟悉并运用知识产权规则，需要对专利技术进行一定的储备。同时，2008 年国家推出了《国家知识产权战略纲要》，加大对知识产权保护与重视，并提出对专利申请进行费用补贴。

2008年,《广东省知识产权战略纲要(2008—2009年)实施方案》出台,该实施方案明确提出"制订配套政策措施,加大对职务发明的发明人、设计人的奖酬力度;继续重奖获得中国专利奖的单位;做好广东专利奖评选和国内外专利申请资助工作。(省财政厅、知识产权局、人事厅负责)""加大政府投入力度。各级政府要加大对知识产权工作的经费投入,为地区知识产权工作发展提供资金保障。省知识产权战略工作经费列入省级预算"。❶这些利好政策为广东省企业积极申请专利、积极在海外布局专利提供了一部分经费支持。面对这种环境,即使是知识密度不高的经济行业也出现专利海外布局的快速增长。可见,国际环境的变化与国内政策的引导使广东省企业海外专利布局数量大幅度提升。

(二)重点行业分析

1. 电信、广播电视和卫星传输服务行业

(1)行业简介

根据《国民经济行业分类》《国际专利分类与国民经济行业分类参照关系表(2018)》,电信、广播电视和卫星传输服务行业囊括固定电信服务,移动电信服务,其他电信服务,有线、无线广播电视传输服务,卫星传输服务。从专利技术的角度讲,作为服务行业,该行业对应的技术也可以包括产品制造,例如机顶盒制造相关技术、手机天线制造相关技术就被纳入了该经济行业。该行业中细分服务类型多样,大多数服务更多地面向通信技术的基础设施。

在产业全球化、经济全球化和人际关系全球化带动通信全球化的今天,通信在技术、业务、管理、资本等方面都呈现出向全球化方向发展的趋势。在这一背景下,该行业面临的需求在地域上是无比广阔的。与此同时,依靠该行业提供的服务与设备,传统产业的生产与销售模式发生了巨大的变化。例如,5G技术的应用使得远程

---

❶ 参见广东省人民政府公报[EB/OL].[2020-05-10]. http://www.gd.gov.cn/govpub/zfgb/qi/2008gb/201407/t20140718_200520.htm.

医疗得以运行。另外，普通消费者的生活娱乐方式也将大大改变。例如，低延迟的电信服务将使云服务器可容纳的生态大大丰富。在这一背景下，该行业面临的需求在使用场景上是无比广阔的。当然该经济行业中也包括应用场景不见起色的卫星传输技术，这主要是因为卫星信号传输自身的技术突破缓慢，并且曾经风靡的卫星电视在逐渐被闭路电视甚至网络电视取代。总之，该经济行业中既有经济体量大、知识密集、研发热情度高的细分行业，也有相反的细分行业。从创新主体、经济体量、技术研发活跃程度等角度来看，该经济行业相比于其他经济行业更具有发展潜力。该行业中知名度较高的公司有华为、中国移动、小米、索尼等。与此同时，该行业中也存在不求市场盈利但对航天航空事业提供重要技术支撑的创新主体，如国防科技大学、北京航空航天大学等。

（2）专利申请趋势

一是广东省电信、广播电视和卫星传输服务业海外专利申请趋势。在已经获得广东省企业全部海外申请专利的情况下，利用国民经济行业分类挑选出 I63 经济行业的专利数据，分析这些专利的年申请趋势，如图 3-22 所示。

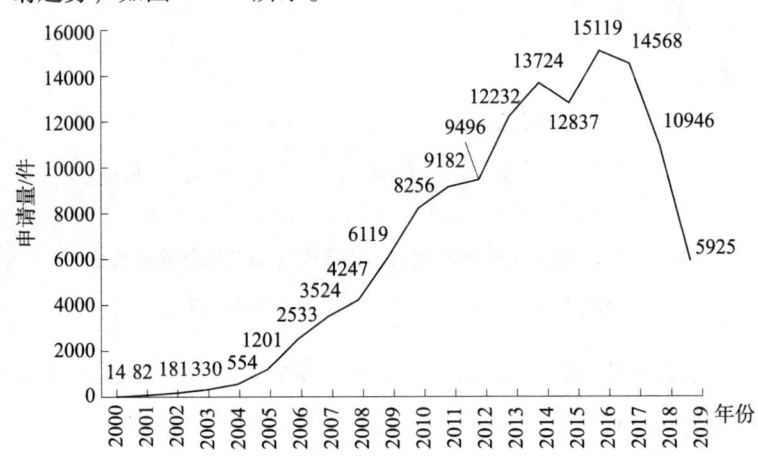

图 3-22　2000-2019 年广东省电信、广播电视和卫星传输服务业海外专利年申请趋势

由图3-22可知，该行业在海外专利申请趋势总体稳步上升，2018年、2019年申请数据下降，更多是因为相关申请数据的公开有一定的时间延迟。具体来看，该行业的海外申请数每年增速惊人，在基数较小的2000—2005年，每年申请数最少是上年的1.6倍，此后每年海外专利申请数都在上年的基础上稳步增加，且增量喜人。例如，2013年，海外申请数在2012年9496件的基础上增加2736件，达12232件。高速增长使得每年的申请基数巨大，即使在申请数下降的2015年，海外申请数仍能达到12837件。

二是与其他省市申请趋势对比。选取北京、上海、江苏、浙江为参考对象，可以比对广东省相对于其他优势省市在该经济行业的海外专利申请情况，如图3-23所示。

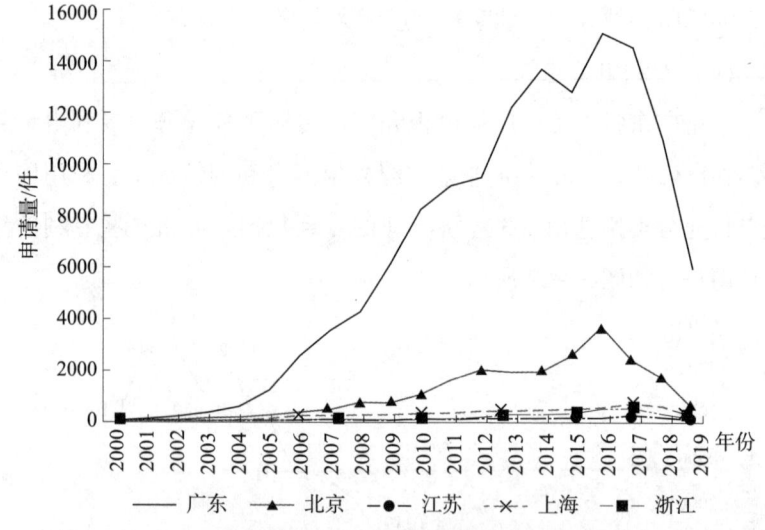

图3-23　2000-2019年电信、广播电视和卫星传输服务业海外专利申请数排名前五省市年申请趋势对比

广东省相比其他优势省市，海外布局数量明显更多，即使是基数远大于其他省市的情况下，广东省企业每年的申请增长率也在绝大多数年份下大于或持平于其他省市。通过观察各省市的具体数据可以发现，浙江、江苏、上海在该经济行业的海外申请与广东省相差一个量级，在大多数年份，广东省企业的申请数是其中一省市的

20倍或更多。可见，在知识产权创造与海外布局上，广东省相比于这些省市能力更强。

（3）专利申请地域分布

在该经济行业中，对广东省企业排名前11位的海外申请地域进行统计，可以发现广东省企业海外技术输出地域情况。统计每件专利申请的受理局数据后可以得到图3－24。

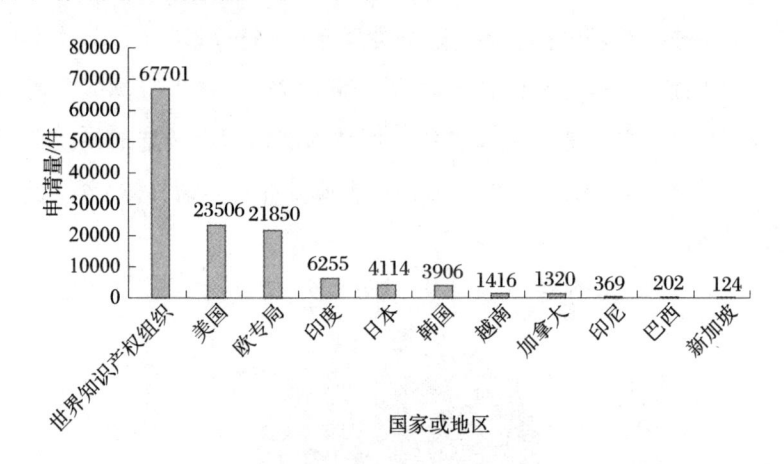

图3－24　2019年广东省电信、广播电视和卫星传输服务业海外专利地域分布

由图3－24可知，世界知识产权组织受理了该经济行业的大多数海外申请，其受理的申请数为67701件，而欧洲专利局和美国受理的申请数相差不大，分别是21850件和23506件。相较于韩国与日本，印度的受理数更多，为6255件。可见，在该经济行业的企业在海外布局地域选择上，印度的优先级高于日本、韩国。以上各种布局地域偏好现象，与该行业提供的服务或产品高度全球化的特征有关。例如，用作通信的手机，其中的零部件、原材料、软件技术绝非来于一两个国家，且作为手机生产商，其目标市场常常不限于在该国市场。这种情况下，更多的企业倾向通过PCT途径进行专利申请，以节省海外专利布局的费用。同时，电信、广播电视和卫星传输服务业在欧美市场存在高度激烈的竞争，广东省企业进入这些市场等同于与外国本土企业争夺利益，这更加要求广东省企业熟悉当地高保护水平的知识产权政策，其中，提高自有专利数量是一项

113

必要的应对措施。这就可以解释，为何在欧、美两大市场中的专利申请量远超其他国家或地区的受理量。

（4）技术构成分析

根据《国际专利分类与国民经济行业分类参照关系表（2018）》，该经济行业对应的 IPC 分组包括 H04L 12、H04W、H04B 7、H04H 20、H04H 40、H04B 10。但在检索过程中不使用这些分类号进行检索，而是统一采用国民经济行业分类号 I63 进行检索。

由于简单同族专利的技术内容一致，故此处在进行具体分析前将数据合并简单同族，可以避免一项技术因多国申请造成该技术所处领域数量虚高的错误。统计该行业中海外专利申请具体 IPC 大组，可以得出图 3 – 25。

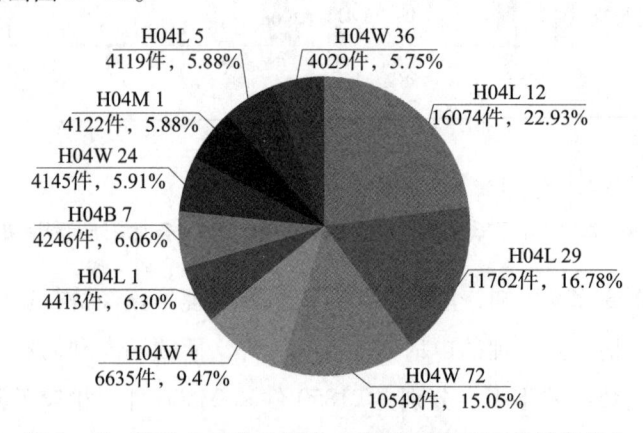

图 3 – 25　2019 年广东省电信、广播电视和卫星传输服务业海外专利技术领域分布

为了更详细地了解 IPC 大组号的技术释义，笔者在表 3 – 7 中对相应的技术领域进行说明。

表 3 – 7　2019 年广东省电信、广播电视和卫星传输服务业海外专利技术领域分布

IPC 分类号	对应的技术	申请量/件
H04L 12	数据交换网络（存储器、输入/输出设备或中央处理单元之间的信息或其他信号的互连或传送入 G06F 13/00）〔5，2006.01〕	16074
H04L 29	H04L 小类中不包含的装置、设备、电路和系统〔5〕	11763

续表

IPC 分类号	对应的技术	申请量/件
H04W 72	本地资源管理，如无线资源的选择或分配或无线业务量调度〔2009.01〕	10549
H04W 4	专门适用于无线通信网络的业务；其设施〔2009.01，2018.01〕	6635
H04L 1	检测或防止收到信息中的差错的装置	4413
H04B 7	无线电传输系统，即使用辐射场的（H04B 10/00，H04B 15/00 优先）	4246
H04W 24	监督，监控或测试装置〔2009.10〕	4145
H04M 1	分局设备，例如用户使用的（交换机提供的用户服务或设备入 H04M 3/00，预付费电话硬币箱入 H04M 17/00；电流供给装置入 H04M 19/08）〔1，7〕	4122
H04L 5	为传输通道提供多用途的装置	4119
H04W 36	切换或重选装置〔2009.01〕	4029

图 3-25 中明显一些 IPC 大组并非电信、广播电视和卫星传输服务业中对应的 IPC，这是因为一件专利申请可以被审查员同时画分在不同的 IPC 小组中，这样与电信、广播电视和卫星传输服务业中对应的 IPC 技术将带入其他 IPC 分类号，最终使结果中出现 I63 经济行业未纳入的 IPC 的情况。从数量上来看，H04L 12、H04L 29、H04W 72 大组的专利数更多，这三类技术全部涉及固定或移动网络通信服务，具体包括宽带网络服务、移动通信服务及相关设备制造。相比之下，卫星电视信号相关服务及其配套设备涉及的专利技术更少一些。深入了解 IPC 大组下的 IPC 小组可以发现，卫星信号传输技术主要集中在飞行器信号传输方面，电视信号传输相关技术不多。这是因为我国空间技术的蓬勃发展与卫星信号电视被闭路信号电视取代。而专利申请数最多的 H04L12、H04L29、H04W72 三个大组下 IPC 小组众多，其中随着技术的不断发展，一些细分技术领域的年增长率迅速提升，如 5G 技术相关专利、区块链技术相关专利。这些技术领域的申请量增长为该经济行业专利申请数的增长提供了强大的助力。

(5) 主要专利申请人

该经济行业申请人众多，但大多数的申请人布局的专利数不多，大部分专利申请集中于华为、中兴两家公司，为说明主要申请人的情况，选取申请量排名前十的申请人进行分析，如图3-26所示。

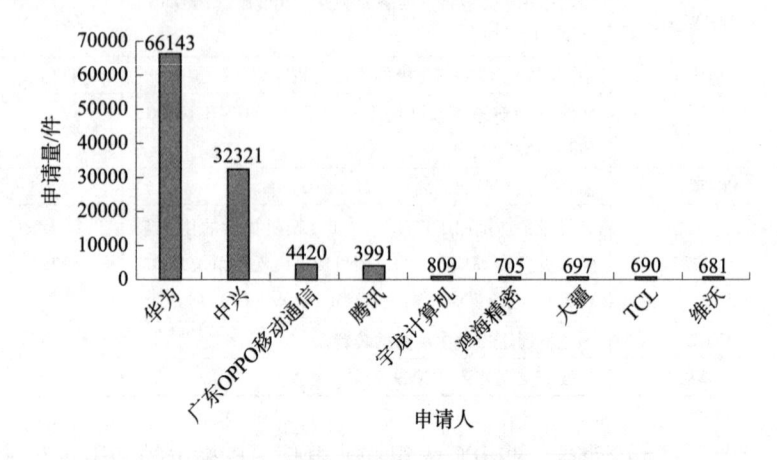

图3-26 2019年广东省电信、广播电视和卫星传输服务业海外专利主要申请人申请分布

由图3-26可知，该经济行业中，大量海外专利申请集中在少数申请人手中，华为在该经济行业拥有66143件申请，其次是中兴，拥有32321件申请，而排名第三的广东OPPO移动通信公司却只有4420件，与第二名相差一个数量级，排名第十的VIVO（维沃）只有681件海外申请。这些数据反映了该经济行业技术高度集中的特点。与此同时，申请主体的数量却较为庞大，对该经济行业全部申请人进行统计发现有1909位申请人。由于该经济行业技术高度集中的特点，统计平均每位申请人的申请量无太大意义（68.7件），但从申请量梯度来看，仅华为、中兴两家企业申请数过万件，仅仅OPPO、腾讯两家企业申请数过千件，60家企业的申请数为100～1000件，除这些企业，剩下1845家企业的海外专利申请数不超过100件。

为说明该经济行业主要创新主体的情况，现挑选部分企业进行简单介绍。

华为公司在该经济行业的海外专利申请数量为 66143 件，华为公司成立于 1987 年，是一家生产销售通信设备的民营通信科技公司。在该经济行业内，其主要产品与服务包括程控交换机、传输设备、数据通信设备、宽带多媒体设备、无线通信设备、微电子产品、软件、计算机及配套设备、终端设备及相关通信信息产品、数据中心机房基础设施及配套产品等。华为公司在该行业注重创新与技术研发，长年坚持将每年销售收入的 10% 投入技术研发中。在 3GPP 基础专利中，华为公司一度占 7%，居全球第五。如今，华为公司正引领着全球 5G 技术的构建。根据华为公司 2019 年财报，仅 2019 年华为公司的研发支出达到 1317 亿元，2010—2019 年的研发费用超 6000 亿元。❶ 目前，华为公司产品和技术已经应用于全球 100 多个国家或地区，服务全球运营商前 50 强中的 45 家，覆盖全球 1/3 的人口。

腾讯公司在电信、广播电视和卫星传输服务领域的海外专利申请数量有 3991 件。对腾讯公司的服务定位不应局限在某些特定的领域，实际上腾讯公司是中国最大的互联网综合服务供应商。腾讯公司早期在该经济行业提供的产品与服务较为单一，仅限于互联网通信服务，目前腾讯公司能够提供的服务与产品多种多样，但总体上在该经济行业内仍然偏向应用型技术。对于通信基础技术并无太多布局。腾讯公司在海外的产品与服务不多，较为知名的产品有微信海外版，在主要市场偏向国内的情况下，腾讯公司在海外布局的专利数也不多。在营利模式上，腾讯公司在逐步增大资本在生产经营中的比重，尽管技术这一生产要素也在其中发挥重要作用，但资本生产要素与技术生产要素的比值越来越大。

TCL 公司较为知名的商品有电视、半导体，近年 TCL 公司扩大了经营范围，生产了各种各样的家电甚至厨电用具。在该经济行业

---

❶ 参见华为投资控股有限公司 2019 年年度报告［EB/OL］.［2020 - 05 - 20］. https：//www.huawei.com/cn/press - events/annual - report/2019.

内，TCL公司能独立提供的产品或服务不多，该经济行业中的专利申请在海外有690件。这些专利涉及的技术多是家电在通信功能上的应用技术，不存在基础性技术。可见，TCL公司在该经济行业中更多是出于对万物互联、智能家居等新趋势的回应而进行专利布局。

除上述3家公司外，还有很多申请人并没有进行太多的专利布局，这些申请人存在产品较为单一、经营规模较小、重视海外市场的特点。例如，主做IC电子元器件的九洲电子有限公司，申请数为91件；提供各种传感与交互设备的深圳市汇顶科技股份有限公司（以下简称"汇顶科技"），申请数为81件，其中汇顶科技的屏下指纹识别模块不仅在国内卖给华为、魅族等企业，也卖给三星等外国企业，甚至出现向国外车载通信市场迈进的趋势。这些企业的产品为不限于为通信设备的各类终端产品的制造提供稳定的零部件供应，构建了众多通信产业稳定的上游生态。除此之外，该经济行业内海外申请中还出现了较多的自然人申请。例如，Liu Ying申请了80件、Liang Feng申请了98件。在具体对这些专利的发明信息进行分析时，会发现出现众多的发明人。可见，这些专利并非出自传统的民间发明人之手，系企业在海外专利申请中采取的隐蔽策略。

2. 计算机、通信和其他电子设备制造业

（1）行业简介

全球互联网大趋势下，计算机、通信和其他电子设备制造业飞速发展，我国企业也有了长足的进步。计算机、通信和其他电子设备制造业也是我国的基础性和先导性产业，与人们的日常生活息息相关，而该行业的产品替代性强，市场竞争也十分激烈，故该行业企业对高技术变动需要更加敏锐的感知力，需要通过国际化研发活动提升自身技术能力。

计算机、通信和其他电子设备制造业作为一个高新技术产业，不仅需要科技实力，也需要经济实力作为产业研发的支撑。广东省的相关政策为计算机、通信和其他电子设备制造业的发展提供了肥沃的土壤。例如，2017年，《广东省先进制造业发展"十三五"规划》❶提出，对于高端电子信息制造业（如超高速无线局域网（EU-HT）、集成电路及关键元器件、信息通信设备等）要重点发展，成为制造强省；2018年，《广东省降低制造业企业成本支持实体经济发展的若干政策措施（修订版）》为各个制造业企业的发展解除后顾之忧；2019年，《广东省发展改革委关于进一步明确我省优先发展产业的通知》❷继续确定信息产业为广东省的重点发展产业，在各种激烈政策下，广东省的相关企业在此产业的耕耘已久，并且已经形成巨大的产业规模。

如图3-27所示，司尔亚司数据信息有限公司（CEIC）统计的固定资产投资数据显示，广东省的企业持续在这个行业进行投资，从2004年12月到2016年平均为41775.28亿元，并且投资处于连年增长的活跃状态，呈现稳步上升趋势。

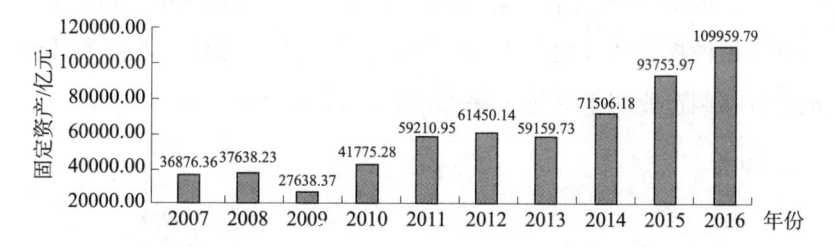

图3-27 2007—2016年广东省计算机、通信和其他电子设备制造业固定资产投资变化趋势

广东省的计算机、通信和其他电子设备制造业的实力也处于全国前列。以移动通信手持机为例，根据国家统计局的相关数据，广东省的移动通信手持机产量居全国第一，并一直处于上升趋势，如

---

❶ 广东省经济和信息化委员会，广东省发展和改革委员会. 广东省先进制造业发展"十三五"规划[EB/OL]. [2020-05-20]. http://www.gdei.gov.cn/ywfl/zcgh/201702/t20170220_125726.htm.

❷ 汕头市发展和改革局（粮食和物资储备局）. 广东省发展改革委关于进一步明确我省优先发展产业的通知[EB/OL]. [2020-05-20]. http://m.st.gov.cn/cnst/ghjh/201903/32567e444dee46abb24a62f81f4f5e51.shtml.

图 3-28 所示。

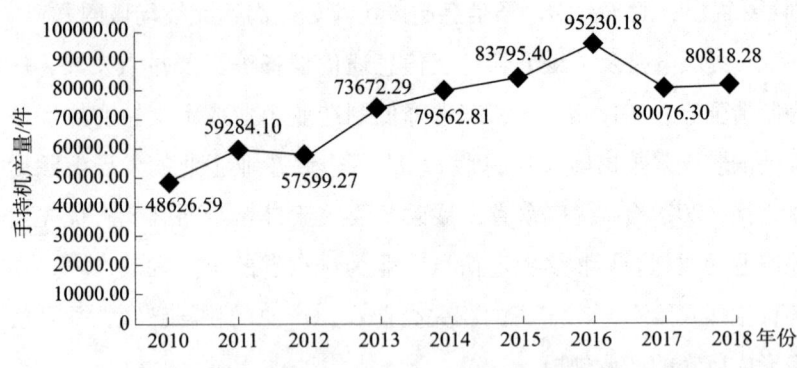

图 3-28 2010—2018 年广东省移动通信手持机产量变化趋势

(2) 专利年度申请趋势

一是广东省计算机、通信和其他电子设备制造业海外专利申请趋势。对广东省计算机、通信和其他电子设备制造业进行申请年趋势统计，近 20 年的现有申请总量为 60656 件，选取 2000—2019 年的专利数据做折线图，如图 3-29 所示。广东省计算机、通信和其他电子设备制造业的年专利申请呈现持续增长的态势。

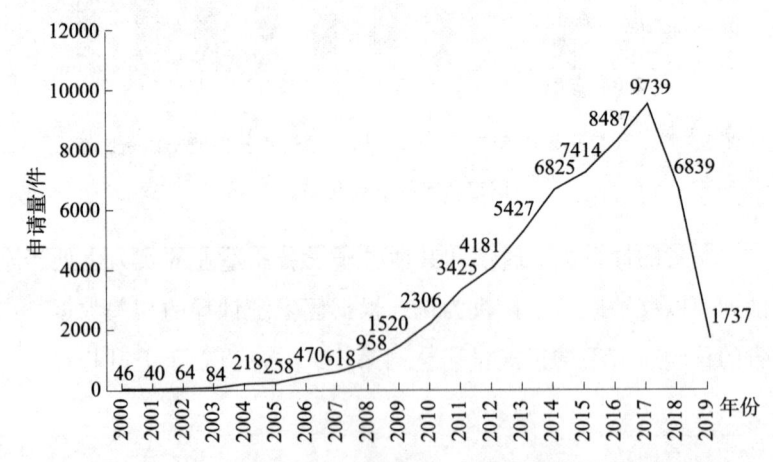

图 3-29 2000-2019 年广东省计算机、通信和其他电子设备制造业
海外专利年申请趋势

广东省计算机、通信和其他电子设备制造业的海外专利年申请趋势可以划分为以下三个阶段。

萌芽期（2000—2008 年）：从已有数据可以看出，在此时期，广东省计算机、通信和其他电子设备制造业的海外专利年申请量呈现出缓慢增长的趋势，年增长率并不高。在这个时间段，该行业的海外专利年申请量并不多，从 2000 年的 46 件开始，海外专利申请数量缓慢增大，2004 年的年申请量大概是 2003 年的 2.6 倍，此后的增长速度慢慢加快，2008 年达到 958 件。

成长期（2009—2017 年）：在这一时期，广东省计算机、通信和其他电子设备制造业的海外专利申请在 2009 年首次破千，之后以每年 1000 件的增长速度进行增加。2008 年，受国际金融危机影响，国内的很多行业经济受到了严重冲击，但是根据《2009 年中国工业经济统计年鉴》显示，我国在 2008 年在该行业的出口交货值为 29179.46 亿元，广东省则为 11362.32 元，占据 38.94%，跟《2008 年中国工业经济统计年鉴》的相关数据对比，我国在该行业的出口交货值为 26260.18 亿元，广东省为 10091.63 亿元，广东省在该行业的出口交货值不降反增，结合 2008 年海外专利申请数量的变化情况，这说明广东省该行业的相关企业在此时已经拥有较强的抗风险能力，国外市场已经进行开拓，并且利用这样的市场优势和技术能力逆势而上，抢占国外市场，快速成长。

持续增长期（2018 年至今）：这一时期由于海外专利数据收录或公开并不完整，故不能得知准确的海外专利申请数量，但根据现有增长速度和广东省对该行业的鼓励政策可以预测，此阶段海外专利申请量仍将保持较高的年申请量，但具体的申请量可能随着全球的市场经济变化有不同的变化。比如，由于 2020 年的全球新冠肺炎疫情，美国针对该行业的行业巨头华为、中兴的技术封锁可能导致该行业整体的海外市场受阻，影响该行业相关企业的经济，进而影响研发进度，使该行业的相关企业海外布局热情有所下降。

二是与其他省市申请趋势对比。选取该行业申请量排名前四的省市以及广东省进行数据统计，如图 3-30 所示，排名前五的省市分别为广东、浙江、北京、江苏、上海，选取 2000—2019 年的数据进行分析，由相关数据统计可知，广东省近20年在该行业的海外布局专利总数量为60656件，浙江为2573件，北京为35839件，江苏为4547件，上海为10359件。

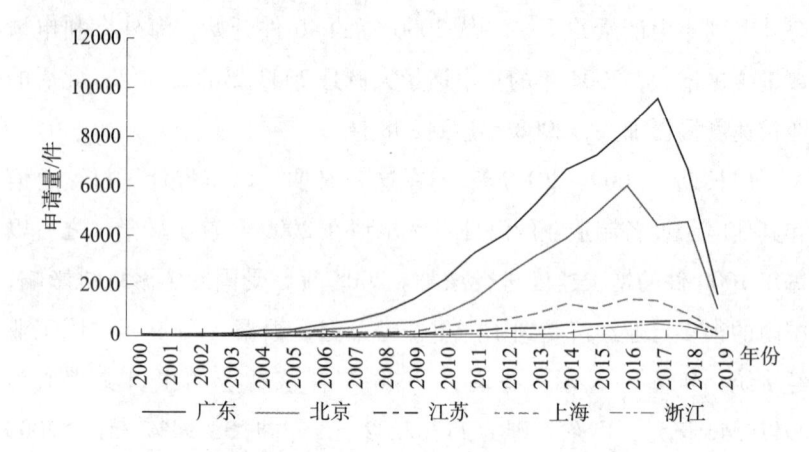

图3-30 2000-2019年计算机、通信和其他电子设备制造业
海外专利申请数排名前五省市年申请趋势对比

这五个省市在该行业的海外专利布局在2005年之前都是较少的状态，广东省在2005年之后在该行业的海外申请专利处于领先地位，不论是专利申请总体数量还是专利年申请数量。从整体来看，这五个省市在该行业的海外专利申请数量都呈现上升趋势。但广东省和北京市在该行业的年申请数量增长较快，其他三个省市增长较为平缓。选取高速增长的2008—2017年来看，广东省企业的海外专利申请快速上升，几乎每年都比上年多1000件以上，这种快速上升的现象使广东省每年海外申请数的基数较大，即使在年增长率最低的2015年（8%），其申请量也有7414件。同时，北京市在该年的年增长率为25%，但因增长基数过小（只有6172件），少于广东省。在广东省快速增长的同时，其他省市增长缓慢，这充分说明广东省研发中心和技术输出中心已经形成，广东省的海外申请数未来仍将保持领先。

（3）行业专利申请地域分布

对广东省计算机、通信和其他电子设备制造业的地域分布进行统计，如图3-31所示。选取申请数量排名前11位的国家或者地区进行分析，可以发现，在美国、日本、欧洲、德国、韩国、加拿大、新加坡都有申请较多专利，这些地域的经济优势吸引相关企业进行布局，印度的海外专利数量排名第五，是值得重视的海外布局地域。近年来，印度电信市场规模较大，前景广阔，在该行业已经摆脱发展中国家的落后状态，市场开发处于十分活跃的状态。

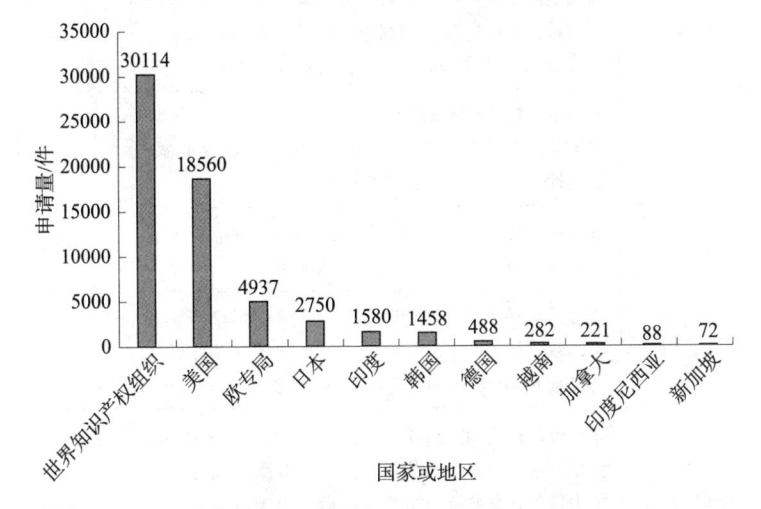

图3-31 2019年广东省计算机、通信和其他电子设备制造业海外专利地域分布

另外，德国、越南、加拿大、印度尼西亚、新加坡也有较多的海外专利申请。这不难解释，中国是德国电子产品进口的主要国家，广东省相关企业根据市场的需求在德国进行相应布局。而越南、印度尼西亚能够替代广东省相关企业弥补低端生产和组装方面的竞争优势，自然也成了相关企业海外布局的首选之地。

（4）技术构成分析

与电信、广播电视和卫星传输服务业一样，计算机、通信和其他电子设备制造业同样是进行简单同族合并来获得最终的专利数据，选取该行业中海外专利申请前十的IPC大组进行统计，可以得出表3-8和图3-32。

表 3-8 2019 年广东省计算机、通信和其他电子设备制造业海外专利技术领域分布

IPC 大组	对应的技术	申请量/件
G06F 3	用于将所要处理的数据转变成为计算机能够处理的形式的输入装置；用于将数据从处理机传送到输出设备的输出装置，例如，接口装置	8285
G06F 17	特别适用于特定功能的数字计算设备或数据处理设备或数据处理方法（信息检索，数据库结构或文件系统结构入 G06F 16/00）〔6，2006.01，2019.01〕	5330
G02F 1	控制来自独立光源的光的强度、颜色、相位、偏振或方向的器件或装置，例如，转换、选通或调制；非线性光学〔1，2，4，2006.01〕	4628
G06F 9	程序控制设计，例如，控制单元（用于外部设备的程序控制入 G06F 13/10）〔1，4，2006.01，2018.01〕	3893
G06F 1	不包括在 G06F 3/00～G06F 13/00 和 G06F 21/00 各组的数据处理设备的零部件（通用程序存储计算机的结构入 G06F 15/76）〔1，2006.01〕	2765
G06K 9	用于阅读或识别印刷或书写字符或用于识别图形，例如，指纹的方法或装置（用于图表阅读或者将诸如力或现状态的机械参量的图形转换为电信号的方法或装置入 G06K 11/00；语音识别入 G10L 15/00）〔1，7〕	2629
G06F 21	防止未授权行为的保护计算机、其部件、程序或数据的安全装置〔8，2013.01〕	2237
G06F 15	通用数字计算机（零部件入 G06F 1/00 至 G06F 13/00 组）；通用数据处理设备	1691
G06F 11	错误检测；错误校正；监控（在基于记录载体和传感器之间的相对运动而实现的信息存储中的错误检测、校正或监控所用的方法或装置入 G11B 20/18；监控，即，监控记录或重现的进程入 G11B 27/36；静态存储中所用的方法或装置入 G11C 29/00）〔1，4，2006.01〕	1678
H01L 27	由在一个共用衬底内或其上形成的多个半导体或其他固态组件组成的器件（其零部件入 H01L 23/00，H01L 29/00～H01L 51/00；由多个单个固态器件组成的组装件入 H01L 25/00）〔2，8〕	1598

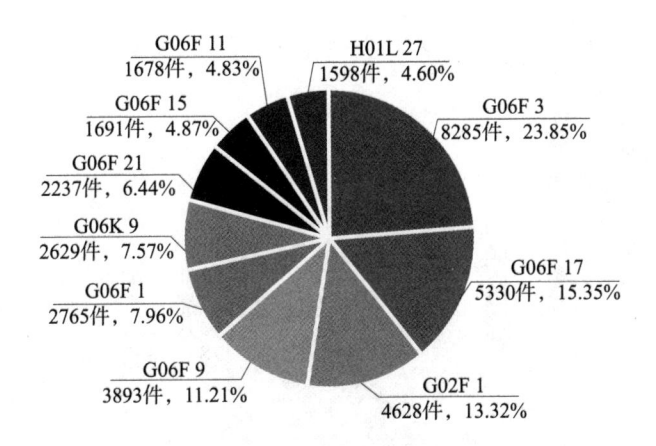

图3-32 2019年广东省计算机、通信和其他电子设备制造业技术领域分布

广东省在该行业的海外专利申请排名前十的IPC大组的占比中（占前十大组专利总量的比例），G06F 3这一个大组占比最多，占前十IPC小组专利数的23.85%。排名第一的IPC大组G06F 3，主要是针对计算机的输出设备和输出装置的，如计算机触摸屏或者触摸垫的数字转换方法，注重设备使用者的使用体验，提升用户使用的舒适度、安全性、便捷性，充分体现该行业产品的主要特征；排名第二的IPC大组G06F 17涉及数据计算设备和数据处理设备或数据处理方法，如电子设备的数据的获取和记录等；排名第三的IPC大组G02F 1表示电子设备中控制来自独立光源的光的强度、颜色、相位、偏振或方向的器件或装置；排名第四的IPC大组G06F 9表示电子设备的程序控制设计；排名第五的IPC大组G06F 1表示的是数据处理设备的一些零部件；排名第六的大组G06K 9则反映现在的电子设备与人工智能技术结合，适用生物识别如指纹识别技术等的趋势；排名第七的IPC大组则注重保护电子设别的安全性等。这些申请数量靠前的IPC大组代表该行业的重要基础技术和重要的研发动向。

（5）主要专利申请人

图3-33展示了广东省在该行业的海外专利申请排名前十申请人及其申请的专利数量。广东省在计算机、通信和其他电子设备制造业的代表性企业很多，较大的通信公司在这个行业都有较多的海

外专利布局。

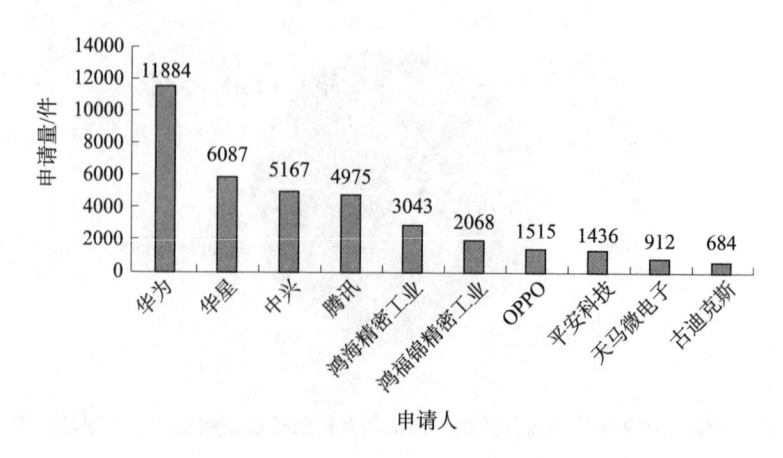

图 3-33　2019 年广东省计算机、通信和其他电子设备制造业海外专利主要申请人申请量排名

专利数量排名第一的是华为，为 11884 件。华为是信息与通信（ICT）基础设施和智能终端提供商，多年来专注于技术创新和开发，将每年收入的 10% 以上投资到技术创新和开发中，2019 年则是 1317 亿元，近十年的投资总额超过 6000 亿元。华为长期耕耘于信息与通信技术，这样的实力使华为能够将这些先进的技术应用到智能终端产品等电子设备上，也注定华为在海外专利布局上有十足的底气。

华星光电在该行业申请的海外专利数量排名第二，为 6087 件。华星光电拥有迄今为止国内首条完全依靠自主创新、自主建设的高世代面板线，可以为计算机、通信和其他电子设备制造业提供面板。

中兴专利数量排名第三，为 5167 件。其注重生产 ICT 产品，生产通信行业无线、有线、云计算、终端等产品，同时也注重技术创新；在计算机、通信和其他电子设备制造业的海外专利共有 5167 件，其中 31 件成为标准专利，并且没有相关的诉讼。

腾讯专利数量排名第四，为 4975 件。通过查看腾讯相关专利可以发现，腾讯虽然不擅长生产电子设备，但在电子设备相关技术上有技术创新，为其社交软件在计算机和通信设备上的使用扫清技术障碍，根据用户的需求进行调整和改进，争取提供更为友好的用户界面等。

在专利数量排名前十的专利权人中，鸿海精密工业以3043件海外专利，排名第五位，鸿富锦精密工业紧随其后，以2068件排名第六位。富士康集团是鸿海集团旗下的公司，鸿富锦精密工业是富士康集团旗下的公司，鸿富锦精密工业是鸿海集团的孙公司。鸿海精密工业是全球3C（电脑、通信、消费性电子）代工领域规模最大、成长最快、评价最高的国际集团。这样的海外专利布局数量表明，鸿海精密工业不仅是想要做代工企业，在所代工的技术领域也有自己的研发实力，并积极进行海外布局。

另外，排名较靠后的有OPPO（1515件）、平安科技（1436件）、天马微电子（912件）、古迪克斯（684件），都是广东省在该行业的知名企业，在该行业的海外专利布局上作出一定的贡献，将技术从国内输出。

3. 电气机械和器材制造业

（1）行业简介

电气机械及器材制造业一直以来都是我国国民经济行业分类中一个非常重要的大类，细分行业包括电机设备、电工器械、发电设备制造、输变电及控制设备、电线电缆、日用电器制造等，我们手机和电动汽车使用的锂离子电池，家里的空调、洗衣机以及电灯、电磁炉、家用电器厨具炊具等都是其相关产品。该行业产品技术密集程度较高，其在提升产业经济、提高一国国民生活质量中起着不可替代的基础性作用。

广东省电气机械和器材制造业是广东省装备制造业的三大支柱产业之一，2010年该行业工业总产值约为7080亿元，在广东省所有行业产值中排第二位。全国17387家电器工业企业中，珠三角地区的广东省占2495家。同时，电气机械和器材制造业也是广东省战略新兴产业，对于广东省推进供给侧结构性改革、落实智能制造、打造千亿元级产业集群具有重要的意义。

从发展进程来看，中国在电气机械和器材制造业已经实现普遍性的技术突破，同时大量出口世界，全球份额较高，部分技术上也已经达到全球领先。但总体而言，在一些技术难度高的尖端技术领域的研发力度仍旧不足。比如，2017年的全球十大光纤光缆公司，虽然中国占了5家，但技术含量很高的海底光缆，中国企业的份额不高。除了光纤光缆，以及难度很高的光纤预制棒技术被中国企业陆续攻克并且实现较高市场份额以外，高纯度的硅锗料、高性能的帮助实现超低衰减的光纤涂料等，中国还同样大量依赖进口。由小见大，"系统强，部件弱"的态势目前几乎贯穿于各个产业，其如电力的发电、输电、配电设备等，中国虽有大批企业，但技术水平上总体还是与发达国家差了一截。

近年来，我国正在经历传统制造业转型升级的关键时期，工业物联网、大数据技术、云计算等新兴技术为制造业开启了智能化的大门，作为制造业的重要分支，电气机械和器材制造业早已开始布局智能制造，比如美的收购库卡，超威电动汽车动力电池制造"无人化"车间等。面对新一轮竞争浪潮，大力发展科技、掌握核心技术是下一步中国在电气机械和器材制造业必须走也必须走好的一步，这样才能真正实现从制造大国到制造强国的飞跃。

（2）专利年度申请趋势

一是广东省电气机械和器材制造业海外专利申请趋势。根据图3-34可知，广东省的海外专利申请量总体呈现上升趋势。2000—2017年，广东省的海外专利年申请趋势可以划分为萌芽期、增长期、爆发期、瓶颈期和持续增长期五个时期。

萌芽期（2008年以前）：这段时期，广东省海外专利申请数量从25件左右开始出现缓慢的增长，2008年已达870件。

增长期（2008—2012年）：这段时期，广东省企业的海外专利申请数量一直处在稳步增长的阶段，并在2012年达到2374件。近些年，随着人们知识产权保护意识的增强，广东省的海外专利布局数量逐年增长的同时，也更加重视专利的质量。2007年，广东省人民政府发布《广东省知识产权战略纲要（2007—2020年）》，在广东

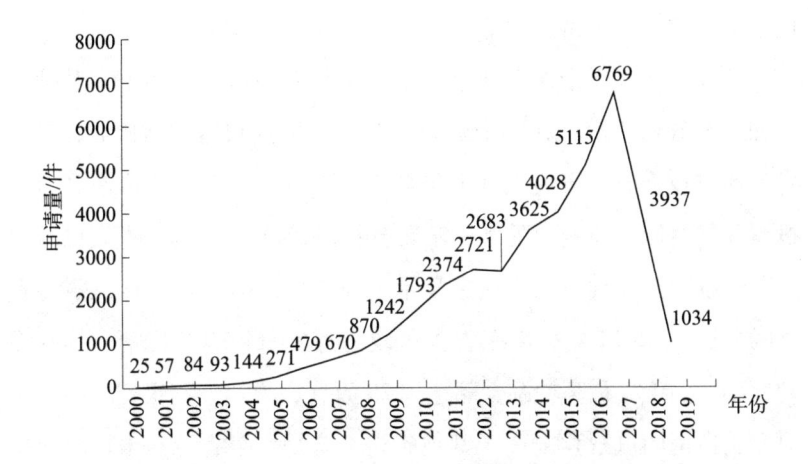

图 3-34　2000-2019 年广东省电气机械和器材制造业
海外专利年申请趋势

省政府的大力支持下,广东省申请人更积极实施海外专利布局战略,推动广东省的高新技术走向世界。

爆发期(2013—2017 年):这段时期的专利量呈现迅猛增长的态势,专利申请量的平均年增长率为 37.03%。2015 年 7 月 23 日,广东省人民政府印发的《广东省智能制造发展规划(2015—2025年)》提到,针对高端装备和制造过程的薄弱环节,要重点突破核心基础部件、仪器仪表、高速高精制造工艺与技术。[1] 2017 年,广东省电气机械和器材制造行业的专利申请量达到年申请专利的历史最高峰(6769 件)。由此可见,广东省政府在智能化时代为电气机械和器材制造行业提供更多的发展空间作出了卓有成效的努力。

二是与其他省市申请趋势对比。根据图 3-35 可以发现,相较于其他 4 个省市,广东省的技术萌芽期出现得较早,且时间持续较短。在统计学意义上,广东省的电气机械和器材制造业 2004—2012年作为快速增长期,持续了 9 年的时间,快速增长期的时间是 5 个省市中最长的。这给广东省在申请趋势和申请总量上遥遥领先于其

---

[1] 广东省智能制造发展规划(2015—2025 年)[EB/OL]. [2020-05-20]. http://www.gd.gov.cn/gkmlpt/content/0/144/post_144148.html#7.

他4个省市打下了良好的基础。

整体上看，无论在专利申请量还是在专利申请趋势上，其他省市和广东省相比都不在一个量级。在电气机械和器材制造业，广东省作为科技强省，很大程度上得益于广东省人民政府对广东省电气机械和器材制造业企业的大力政策支持。2014年，广东省人民政府为了鼓励海外专利申请，促进技术产业发展，出台了《广东省专利奖励办法》。2019年，广东省人民政府愈发重视专利申请，提高专利奖励的力度，最高奖励金额达到30万元，增设专利银奖。广东省对专利申请的重视程度高于其他省份，这是广东省专利申请多年排在全国前列的原因之一。2008年，广东省率领经贸代表团与众多粤港企业签订了320个项目合同或合作意向书，合作项目涉及先进制造、基础设施等现代服务业领域，签约总额达1188亿元人民币。❶ 广东省对制造业的鼓励举措，也是广东省电气机械和器材制造业专利申请年年攀升的一大助力。

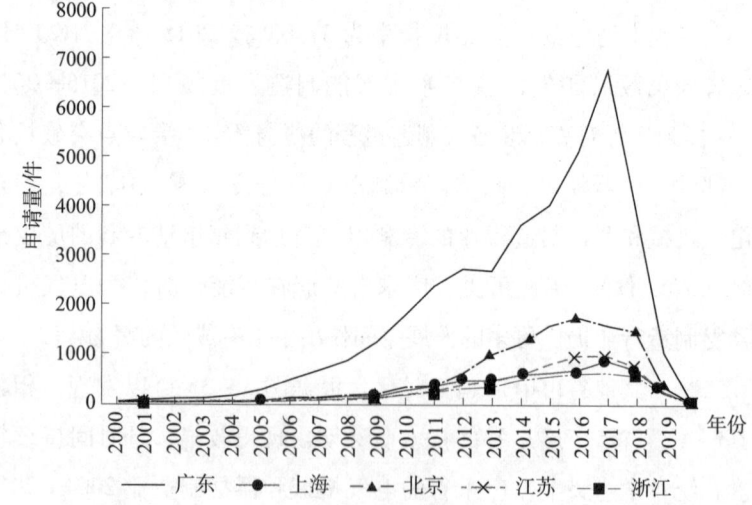

图3-35 2000-2019年电气机械和器材制造业海外专利申请数排名前五省市年申请趋势对比

---

❶ 鄂粤港三地签下千亿元合作大单涉及先进制造等领域. [EB/OL]. [2020-05-20]. http://www.gd.gov.cn/gdywdt/tzdt/content/post_66383.html.

（3）专利申请地域分布

由图 3-36 可知，广东省电气机械和器材制造业在美国申请数量最多，以 12905 件排名第一的世界知识产权组织除外，占总体申请数量的 34.01%。美国一直是诸多企业选择专利布局的热门国家，专利申请数量遥遥领先。

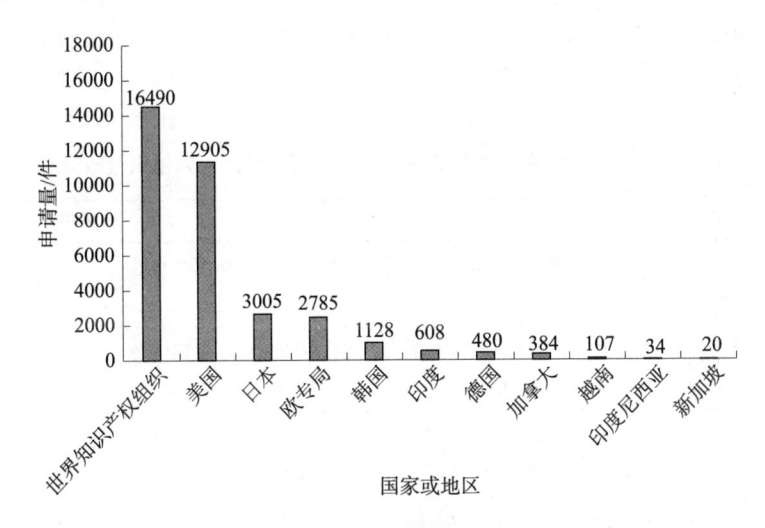

图 3-36　2019 年广东省电气机械和器材制造业海外专利地域分布

除此之外，日本、韩国也受理了较多的专利申请，分别是 3005 件和 1128 件。韩国、日本作为亚洲发达国家，在地缘上与中国相近，技术输出和技术交流相对于欧美国家来说，更为频繁。再者，对于智能家居、运动器械等产品，日韩的消费者有更为强烈的消费意愿。因此，日韩在电气机械和器材制造业下拥有较大的市场，并且具有较强的技术能力，也有较多知名企业，比如松下、三菱、三星等。与此同时，这些企业也都是广东省在电气机械和器材制造业的主要竞争对手。因而，广东省在日本、韩国等地的专利申请量较多。

此外，该经济行业的创新主体虽然在印度、德国、加拿大、越南、印度尼西亚、新加坡都有专利布局，但数量不是很多，均在 1000 件以下。伴随着发展中国家对外开放的态度，现阶段广东省很多企业在越南、印度尼西亚等国家的专利布局还在摸索阶段，未来广东在越南、印度尼西亚等国家的海外专利申请量将处在一个持续上升的态势。

（4）技术构成分析

为了更详细地了解电气机械和器材制造业的专利数据，选取该行业海外专利技术领域排名前十的 IPC 大组进行统计，如表 3-9 所示。

表 3-9 2019 年广东省电气机械和器材制造业海外专利技术领域分布

IPC 大组	对应技术	申请量/件
G09G 3	仅考虑与除阴极射线管以外的目视指示器连接的控制装置和电路	2415
H02J 7	用于电池组的充电或去极化或用于由电池组向负载供电的装置	1766
H01R 13	H01R 13（H01R 12/70 或 H01R 24/00 至 H01R 33/00）组中所包含的各种连接装置的零部件	1453
H01M 10	二次电池；及其制造	1122
F21V 29	防止照明装置热损害；专门适用于照明装置或系统的冷却或加热装置	850
H01M 2	非活性部件的结构零件或制造方法	792
H05B 37	用于一般电光源的电路装置	784
G09G 5	阴极射线管指示器及其他目标指示器通用的目视指示器的控制装置或电路	731
F24F 13	空气调节、空气增湿、通风或空气流作为屏蔽的通用部件	723
F21V 23	照明装置内或上面电路元件的布置	699

图 3-37 所示的百分比是指某一 IPC 大组申请量所占前十 IPC 专利总量的百分比。由图 3-37 和表 3-9 可知，排名前四的 IPC 大组分别为 G09G 3、H02J 7、H01R 13、H01M 10，申请量分别为 2415 件、1766 件、1453 件、1122 件。排名靠前的这些技术领域多与电路和电池组装置相关。

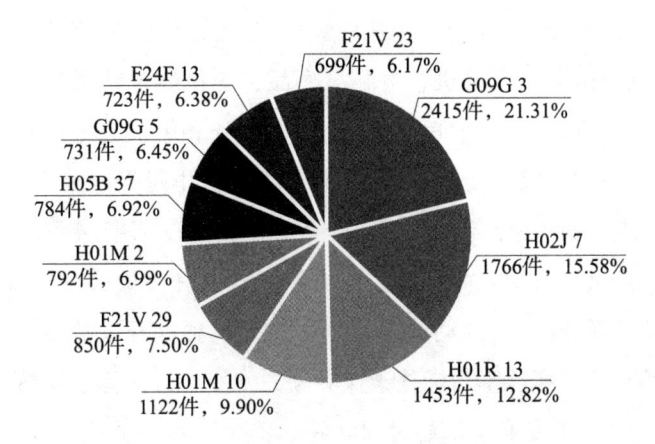

图 3-37　2019 年广东省电气机械和器材制造业海外专利技术领域分布

（5）主要专利申请人

对广东省电气机械和器材制造业海外专利的申请人进行统计，合并同一集团的申请人，选取专利申请数量排名前十的申请人，如图 3-38 所示。

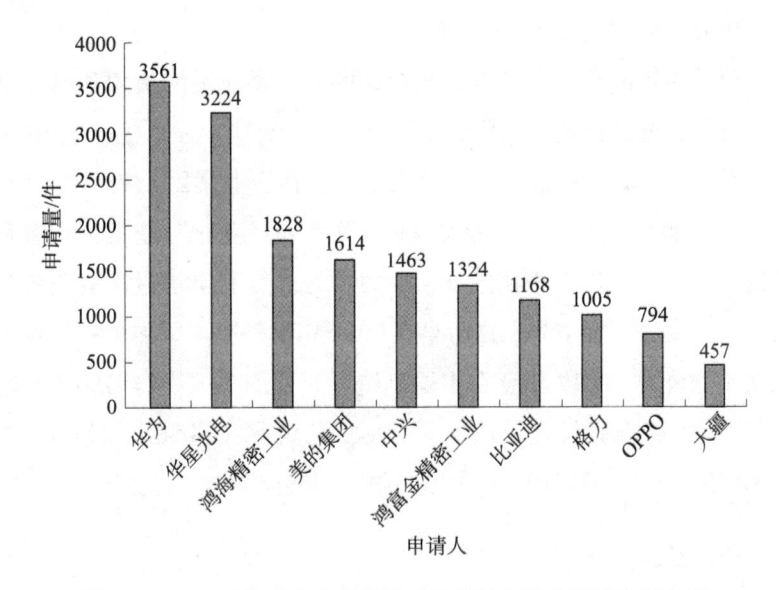

图 3-38　2019 年广东省电气机械和器材制造业海外专利布局主要申请人申请量排名

华为以 3561 件海外专利排名第一。华为成立于 1987 年，是全球领先的信息与通信技术（ICT）解决方案供应商，主要生产智能手机、终端路由器、交换机、电脑等产品，为世界各地通信运营商及专业网络拥有者提供硬件设备、软件、服务和解决方案。华星光电的海外专利数量仅随华为之后，为3224件。华星光电是2009年11月16日成立的一家高新科技企业，公司注册资本183.4亿元，投资总额达443亿元，是深圳市建市以来单笔投资额最大的工业项目，也是深圳市政府重点推动的项目。华星光电独立开发的具有自主知识产权的HVA穿透率指标处于业界领先水平，在中国、美国及国际申请（PCT）的专利申请超过500件。

鸿海精密工业虽然专利申请量排名第三，但其专利申请总量不到2000件，只有1828件。其成立于1974年，鸿海科技集团（台湾鸿海集团）是富士康集团的主要投资者，研发的核心技术包括纳米技术、环保制程技术、平面显示器技术、精密模具技术、伺服器技术、光通信技术材料与应用技术及网络技术等，截至2005年年底已在全世界共获超过15300件专利。

值得一提的是，在我国耳熟能详的家电企业美的集团和格力都榜上有名，分别位列第四位和第八位。美的集团专注白色家电30余年，是一家以家电制造业为主的大型综合性企业集团。2015年1月8日，"房间空气调节器节能关键技术研究及产业化"获得"国家科技进步奖"二等奖。相比之下，格力的海外专利申请量没有美的集团多，但实力不容小觑。格力早在2011年6月在美国加利福尼亚州成立了分公司。2019年，在中国制造业企业500强中排名第37位。同年11月13日，格力上榜单项冠军示范企业（第四批）名单；同年12月，格力入选2019年中国品牌强国盛典榜样一百品牌。

四、结语

作为《广东省涉外知识产权年度报告》的一部分，该报告通过对广东省近20年来海外专利数据作为研究样本，通过对研究对象的申请趋势、申请类型分析、专利地域分布分析、专利技术构成分析、专利代理机构委托分析、专利简单同族分析、专利权利要求数量分析得出广东省对外进行专利布局的总体态势，并将广东省与全国专利申请量排名靠前的省市进行对比分析；同时，根据国家知识产权局编制的《国际专利分类与国民经济行业分类参照关系表（2018）》，笔者对广东省涉外专利进行行业划分，对其排名前三的重点行业中的专利数据进行检索和分析，以了解广东省涉外布局中的支柱行业发展情况。

该报告经过检索统计和分析，能够反映如下内容。

第一，广东省海外专利申请量总体呈现上升趋势，值得注意的是，在2008年之后，海外专利申请的增长明显，这与2007年广东省人民政府发布《广东省知识产权战略纲要（2007—2020）》《广东省知识产权局、财政厅国（境）外专利申请资助办法》以及2008年国务院正式颁布的《国家知识产权战略纲要》密不可分；而在这些海外申请当中，2019年92%的发明专利申请相较于2018年的94.2%有所下降。

第二，广东省总体以303090件申请量在全国遥遥领先于其他省（区、市），排名第二的北京市海外专利申请量为广东省的1/3，排名第三的上海市海外申请总量低于广东省的1/6，而支撑广东省庞大海外申请量的是深圳市高达232914件、总量占广东省77%的海外专利申请，可见深圳市聚集了广东省内大部分具有海外竞争力的企业。

第三，广东省在专利布局的地域选择上，除了美国、欧洲、日本、韩国等传统热门的海外市场，在印度也进行了大量专利布局。印度近年来高新技术产业发展飞快，产业逐渐多元化，是中国的重要邻国，还是新兴国家经济体的重要代表，在印度进行专利布局申请，有利于在频繁的贸易往来中保障企业的权益。广东省与北京市、上海市对比，三个地区主要对外申请国家的结构大致相同：主要在五大局、个别欧洲国家、东南亚邻国进行布局。但由于地理位置的原因，在日、韩、印三者申请量排名有所区别，广东省在该三国的申请为日本＞印度＞韩国，北京、上海在该三国的申请为日本＞韩国＞印度。

第四，在技术行业领域，数字通信超过计算机技术，在已公布专利申请中占比最高，排在这两个领域之后的是电气机械、医疗技术，并且广东省企业在各个行业申请量比其他省市遥遥领先，这是由于广东省内有许多专利申请量庞大的优势企业，如华为、中兴、鸿海科技、TCL、腾讯、格力等。这些企业不仅在国内领先技术发展，在国际上也颇具竞争力，在全球市场拥有较大份额和较强竞争力。2019年3月19日，世界知识产权组织发布的年度报告显示，华为于2018年的专利申请量位居全球第一，其中三成是5G专利，这也奠定了华为在5G领域不可动摇的领军地位。在此之前中兴曾在2016年夺得申请数量之冠，在2018年专利申请排名第五。但是这些企业的崛起也遭遇了相应的海外发展问题，例如美国对华为、中兴持续进行限制打压，会一定程度上制约这些企业的发展，但只要企业能在下一阶段巩固现有竞争优势的同时继续加大对重点技术的突破力度，在艰难的环境中继续向前发展，就一定能保持住自身的国际竞争力。

从各项数据来看，广东省在知识产权海外布局上已经处在稳定并且持续发展的阶段，与其他省市海外申请数据相比，广东省具有绝对的优势，其原因与广东省政府政策扶植和申请主体不断增强自身创新能力密不可分。因此，广东省政府应保持在实践和操作过程中重要的引导作用，作为主力军，各大企业也要懂得利用自己的特有优势在保障现有技术水平的前提下，不断攻克难关、创新技术发展，其他申请主体如个人、高校、研究院等也要不断推陈出新，响应政府号召，做一支强有力的生力军，共同做好海外知识产权布局的工作。

图表索引

图1-1 涉案作品附图 …………………………… 35
图1-2 被诉侵权产品 …………………………… 35
图3-1 2000—2019年广东省海外专利申请量变化趋势 ……… 80
图3-2 2019年广东省海外专利数量排名前十地级市分布 …… 82
图3-3 2019年全国前十（含广东）省市海外专利
　　　总申请量对比 …………………………… 83
图3-4 2019年广东省发明、实用新型、外观设计
　　　申请量分布 ……………………………… 85
图3-5 2019年全国前十（含广东）省市发明、实用新型、
　　　外观设计申请量分布 …………………… 86
图3-6 2019年广东省海外专利申请地域分布 …… 88
图3-7 2019年广东省、北京市、上海市海外专利
　　　申请地域分布 …………………………… 90
图3-8 2019年广东省、江苏省、浙江省、山东省
　　　海外专利申请地域分布 ………………… 91
图3-9 2019年广东省海外专利技术IPC分类排名前十分布 … 93
图3-10 北京市海外专利技术按IPC分类排名前十分布 ……… 94
图3-11 上海市海外专利技术按IPC分类排名前十分布 ……… 95
图3-12 江苏省海外专利技术按IPC分类排名前十分布 ……… 95
图3-13 广东省海外专利申请主要代理机构代理的专利
　　　 申请数量 ……………………………… 97

图 3-14　2019 年广东省主要代理机构年申请量对比 …………… 98
图 3-15　2019 年广东省主要代理机构技术领域 IPC 分布 ……… 99
图 3-16　2019 年广东省海外专利申请简单同族数分布 ………… 102
图 3-17　2019 年广东省海外专利申请简单同族数占比分布 … 103
图 3-18　2019 年广东省海外专利权利要求数分布 ……………… 104
图 3-19　2019 年广东省海外专利数量排名前十的经济行业 … 106
图 3-20　2019 年海外申请量排名前五的省市各经济行业的专利数量分布 ……………………………………………… 107
图 3-21　2000—2019 年广东省海外专利数量排名前十国民经济行业的专利申请趋势 …………………………………… 109
图 3-22　2000—2019 年广东省电信、广播电视和卫星传输服务业海外专利年申请趋势 ……………………………… 111
图 3-23　2000—2019 年电信、广播电视和卫星传输服务业海外专利申请数排名前五省市年申请趋势对比 ………… 112
图 3-24　2019 年广东省电信、广播电视和卫星传输服务业海外专利地域分布 …………………………………………… 113
图 3-25　2019 年广东省电信、广播电视和卫星传输服务业海外专利技术领域分布 ……………………………………… 114
图 3-26　2019 年广东省电信、广播电视和卫星传输服务业海外专利主要申请人申请分布 …………………………… 116
图 3-27　2007—2016 年广东省计算机、通信和其他电子设备制造业固定资产投资变化趋势 ……………………………… 119
图 3-28　2010—2018 年广东省移动通信手持机产量变化趋势 …………………………………………………………… 120
图 3-29　2000—2019 年广东省计算机、通信和其他电子设备制造业海外专利年申请趋势 ……………………………… 120
图 3-30　2000—2019 年计算机、通信和其他电子设备制造业海外专利申请数排名前五省市年申请趋势对比 ……… 122

图 3–31 2019年广东省计算机、通信和其他电子设备制造业
海外专利地域分布 ································· 123

图 3–32 2019年广东省计算机、通信和其他电子设备制造业
技术领域分布 ··································· 125

图 3–33 2019年广东省计算机、通信和其他电子设备制造业
海外专利主要申请人申请量排名 ················· 126

图 3–34 2000—2019年广东省电气机械和器材制造业海外
专利年申请趋势 ································· 129

图 3–35 2000—2019年电气机械和器材制造业海外专利
申请数排名前五省市年申请趋势对比 ············· 130

图 3–36 2019年广东省电气机械和器材制造业海外专利
地域分布 ··· 131

图 3–37 2019年广东省电气机械和器材制造业海外专利
技术领域分布 ··································· 133

图 3–38 2019年广东省电气机械和器材制造业海外专利
布局主要申请人申请量排名 ····················· 133

表 1–1 2018—2019年广州知识产权法院涉外及涉港澳台
知识产权案件收结情况 ··························· 3

表 1–2 2018—2019年广州知识产权法院涉外及港澳台
知识产权案件结案方式统计 ····················· 4

表 3–1 2019年广东省内21个地级市海外专利申请
数量分布 ··· 82

表 3–2 2019年全国前十（含广东）省市发明、实用新型、
外观设计申请量分布 ····························· 87

表 3–3 2019年广东省海外专利技术IPC大组排名前十分布 ··· 92

表 3–4 2019年广东省主要代理机构技术领域IPC分布 ········ 100

表 3–5 主要代理机构IPC分类号分布 ····················· 101

表 3–6 2019年广东省海外专利质量分布 ················· 105

表3-7　2019年广东省电信、广播电视和卫星传输服务业海外专利技术领域分布 …………………………………… 114

表3-8　2019年广东省计算机、通信和其他电子设备制造业海外专利技术领域分布 …………………………………… 124

表3-9　2019年广东省电气机械和器材制造业海外专利技术领域分布 ………………………………………………… 132

后 记

本报告是《广东涉外知识产权年度报告》系列丛书的第三本。本报告重点对 2019 年广东省涉外知识产权的司法保护、行政保护以及海外专利布局等情况进行了总结和研究。

本报告撰写分工如下：第 1 章：赵盛和；第 2 章：曾凤辰、常廷彬；第 3 章、前言、后记：王太平、常廷彬。

本报告撰写过程中得到了广东外语外贸大学校领导、广东省市场监督管理局（知识产权局）领导、广东省知识产权保护中心领导等的大力支持。在此，对各位领导的关心、指导以及各位作者、编辑等的辛勤付出表示衷心的感谢！